JN222599

IT統制とIT監査
現場の教科書

中雄俊和〔著〕
Toshikazu Nakao

中央経済社

はじめに

　ITは私たちの日常生活において不可欠なだけでなく，企業活動においても欠かせない存在となっています。近年ではDX（デジタルトランスフォーメーション）が推進され，ITを情報の処理・記録のためだけに利用するのではなく新しい価値を創出するために活用する取り組みが進んでおり，情報システムの効率性，信頼性，安全性の重要性はますます高まるものと思われます。

　また，企業活動におけるITの利活用が進展するにしたがい，ITに起因するリスクが企業活動に与える影響も大きくなり，リスクに対応するための内部統制を整備することの重要性も増しています。2008年に導入された内部統制報告制度（J-SOX）において「ITへの対応」が内部統制の6つの基本的要素に独立した項目として含まれていることからも，IT統制の重要性が早期から認識されていたことが覗えます。

　企業活動におけるITの重要性が高まるとともに，監査においてもIT統制が重要な論点となり，ITの専門家が監査チームに参画してIT領域の評価を担当することも少なくありません。一方で，本来ビジネスプロセスとITは一体不可分であり，内部統制の構築や監査においても一連のものとして対応する必要があります。したがって，ITの専門家が関与する場合においても，適切なリスク対応を行うためには各担当者が業務とITの連続性を正しく認識することが不可欠です。

　本書の執筆においては，主として外部監査人もしくは内部監査人としてIT統制の評価に携わる方を対象に，業務プロセスとの繋がりの中でIT統制およびIT監査の全体像を理解し，リスクと統制活動の関係性を明確にしながら標準的な監査手続を体系的に紹介することを目標としました。本書では特に財務諸表監査におけるIT統制の評価に焦点をあてていますが，プロセス，リスク，内部統制および監査手続の繋がりを解きほぐすことで，一般的なシステム監査など財務諸表監査以外の文脈で行われるIT監査においても参考になるように

心掛けました。

　また，基準やガイドラインの解説は必要最小限にとどめ，プロセスとリスクに関する基本的な考え方と具体例の紹介に重点を置くことで，「なぜこの内部統制が必要なのか」「内部統制の構築・評価にあたって何に注目すればよいのか」という内外監査人ならびに内部統制担当者の疑問を解消する一助となる内容になったのではないかと思います。

　なお，本書の内容は全て筆者の個人的見解であり，現在または過去の所属組織の意見を代表するものではない点，ご了承ください。

中雄　俊和

本書の構成と使い方

　本書はIT統制の評価を担当する内部監査人や外部監査人を主たる読者として想定していますが，プロセスとリスクに焦点をあてることで，内部統制の整備・運用の担当者や内部統制を監督する経営者ならびに管理者が，ITに係るリスクを理解するうえでも参考となるように構成されています。

　まず**第1章**ではIT統制の目的やIT統制の構築に係る基本的な考え方を紹介します。**第2章**では監査結果の利用者が留意すべき事項としてIT監査が提供する保証の水準について確認するとともに，様々なIT監査の種類を紹介します。

　第3章では財務諸表監査におけるIT統制の評価プロセスを追いながらIT統制ならびにIT監査の全体像を概観します。監査対象である財務諸表を起点に，監査対象の業務プロセスと重要なIT機能を特定し，IT全般統制およびIT全社統制の評価へと繋がる一連の流れを確認することで，業務とITの関係性やIT統制が財務報告の信頼性に影響を与える経路を明らかにします。

　第4章から**第6章**ではIT統制の評価について，具体的な事例を挙げながら詳細な観点を紹介します。いずれの章においても，プロセスならびに関連するリスクとの繋がりの中で評価観点を整理しているため，監査人が監査手続を作成する際に参考になるだけでなく，内部統制の実務者が統制活動の目的や要点を理解する際の参考にもなるように構成されています。

　第4章ではIT監査の対象となるITの機能（ITAC：自動化統制）の類型を整理し，業務プロセスを例示しながら具体的な評価観点を紹介します。**第5章**では情報システムのライフサイクルと管理・運用のプロセスを確認し，情報システムの管理に関連するリスクと対応するIT全般統制（ITGC）および具体的な評価観点を紹介します。**第6章**では，全社統制の前提となるITガバナンスの概要を確認したのち，財務諸表監査におけるIT全社統制の評価観点を紹介します。また，近年重要性が高まっているサイバーセキュリティリスクへの対応についても取り上げます。

　最後に**第7章**では，第6章までで述べることのできなかった監査人向けの

監査実務上の留意点を補足的に紹介します。

　本書では特にIT監査に固有の論点の紹介に重点を置いているため，一般的な監査論などの監査全般に共通する事項については，本書の内容を理解するうえで前提として必要となる最低限の範囲についてのみ言及しています。このため，本書とあわせて基礎的な監査論を解説している書籍を参照することで，IT監査を含む監査の全体像に対する理解を一層深めることができると考えられます。

被監査会社・部門への依頼資料例
ダウンロード販売のご案内

　本書でご紹介しているIT統制の具体例について実際に評価を行う際の参考となるよう，被監査会社・部門への依頼資料例を，Webからダウンロードすることができます（有料）。

　下記の中央経済社が運営する「ビジネス専門書Online」にアクセスしていただき，「担当編集者コメント」欄からURLをクリックしてお進みください。

https://www.biz-book.jp/isbn/978-4-502-52501-8

　ダウンロード後は編集可能です。IT全社統制，IT全般統制，ITACの評価にあたって，一般的に必要になる資料とその用途を一覧にしているため，各社・各部門の状況に合わせてカスタマイズしてコミュニケーションの円滑化にご活用ください。また，IT全般統制については統制記述も例示しているため，RCMの作成・見直しの際にもご参照ください。

　なお，読者の皆様の利便性を高めるためコピーガードは付しておりませんが，著作権は著者に帰属しております。第三者へのデータの譲渡や販売などは禁止です。ご使用の際は自社内に留めてください。また，本データのご使用によって損害を被った場合，当社および著者はいかなる責任も負いかねます。

㈱中央経済社

目　次

第4章　財務諸表監査におけるITACの評価

第5章　財務諸表監査におけるIT全般統制の評価

第6章　IT環境とIT全社統制

第7章　財務諸表監査におけるIT監査の実務上の留意点

7.1　IT監査計画の策定 ————————————— 216
7.2　母集団資料の信頼性の検証 ————————— 219

(Column)

・保証水準への期待ギャップの事例 ——————————— 17
・時間軸による監査の分類 ————————————————— 24
・ITACの評価を通じたビジネスプロセスの理解の深化 ——— 34
・IT監査人のウォークスルーへの参加 ——————————— 37
・「網羅性」—アサーション vs 情報のインテグリティ ——— 47
・システム外で仕訳を承認するプロセスにおけるアクセス制限
　の重要性 ——————————————————————————— 85
・内部統制の自動化は監査を効率化するのか ——————— 105
・AIへの対応 ————————————————————————— 106
・アジャイル開発と財務諸表監査 ————————————— 129
・発見的統制は予防的統制を代替できるか ——————— 137
・プログラムが更新されていない場合もプログラム変更管理の
　評価は必要か ——————————————————————— 141
・新しい変更管理プロセス（CI/CD）への対応 ————— 142
・変更管理プロセスにおける事前承認と完了承認 ———— 150

●図表番号一覧・221
●引用文献・参考文献・225

第 1 章

IT統制の基礎

本章では，IT統制の目的を確認するとともに，IT統制やITガバナンスを整備・運用・評価する際に参照される代表的なガイドラインを紹介します。また，IT統制の整備におけるコントロールベースアプローチとリスクベースアプローチの違いを確認し，実務的なアプローチを検討します。

1.1 内部統制とIT統制の目的

■ 内部統制の目的

　情報システムに実装されている，もしくは情報システムの利用に付随する内部統制を指してIT統制と呼びます。したがって，IT統制の目的は内部統制全体の目的の中に位置付けられると考えられます。

　企業が経営理念の実現や事業価値の向上を達成するためには，ポジティブなリスク（機会）に挑戦してネガティブなリスク（脅威）を抑制するリスクマネジメントが不可欠です。内部統制活動はリスクマネジメントの構成要素の一部であるため，リスクマネジメントの全体像を把握することが内部統制の目的を正しく理解する第一歩になります。

　リスクマネジメントのフレームワークとして最も有名なものの1つとして，米国トレッドウェイ委員会支援組織員会（COSO：Committee of Sponsoring Organizations of the Treadway Commission)が公表しているERM(Enterprise Risk Management）のフレームワークが挙げられます。2017年に公開された改訂版のCOSO-ERM（June, 2017）は，ERMを「組織が価値を創造し，維持し，実現する過程においてリスクを管理するために依拠する，戦略策定ならびに実行と一体化したカルチャー，能力，実務」（PwC, January 2018）と定義し，リスクマネジメントの全体像を**図表1−1**のように図示して説明しています。

　COSO-ERMの詳細な内容については本書では言及しませんが，フレームワークの基礎となる理念を整理しているこの図から，ガバナンスや内部統制の在り方を考えるうえで非常に重要なポイントを読み取ることができます。

　図表1−1では，価値創造プロセスの始点に「Mission, Vision, & Core Values」が位置付けられており，その実現のために「Business Objective」が設定され，5つの構成要素からなるリスクマネジメントの取り組みによって「Enhanced Value」が実現されるという構造が示されています。このことから，ガバナンスや内部統制活動はビジョンやミッションの達成を支える手段であり，強固なガバナンスの構築や内部統制の有効性の維持自体を目的とするような自己目的的なものではないことがわかります。

▶ 図表 1 - 1　ERMの流れと 5 つの構成要素

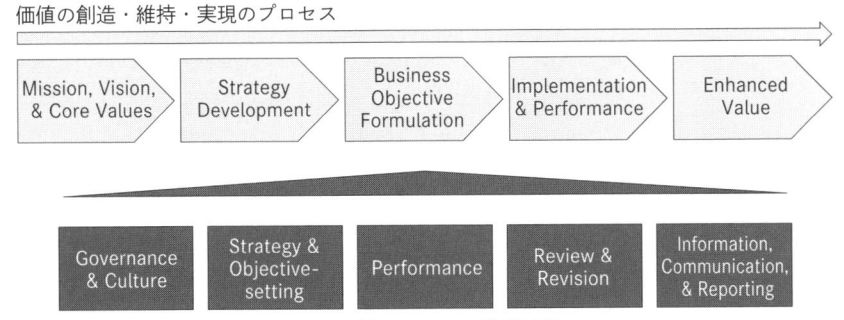

出典：COSO-ERM（2017）をもとに筆者作成

　したがって，企業の事業活動に資するガバナンスや内部統制を構築するためには，ガバナンスや内部統制活動がビジネスにどのように影響するのかを把握して，統制目的を明確にすることが重要であると考えられます。

■ IT統制の目的

　前項で確認した内部統制の目的を踏まえてIT統制の目的を確認しましょう。一般的にIT統制の目的として説明されるものとして，情報セキュリティの 3 要素（可用性，完全性，機密性）を確保することが挙げられます。

▶ 図表 1 - 2　情報セキュリティの 3 要素

要素	概要
可用性 （Availability）	必要な情報を必要なタイミングで利用できること。可用性の確保によりデータやシステムへのタイムリーなアクセスを可能にします。
完全性 （Integrity）	情報が不正または意図しない方法で改ざん・変更されていないこと。完全性の確保によりデータの正確性や信頼性を維持します。
機密性 （Confidentiality）	許可された範囲にのみ情報が開示されること。機密性の確保により情報漏洩やデータの不正利用を防止します。

　情報システムが社会基盤の一部を構成している今日において，情報セキュリティの重要性は論ずるまでもありません。一方で，改めて考えてみると，情報セキュリティの確保はシステムの安定稼働や法令への準拠を通じてビジネスを継続的かつ安定的に営むための手段であり，内部統制の最終的な目的であるとは必ずしも言えません。

　内部統制とは，達成したい目的を阻害しうるリスク要因を抑制するための活動であり，情報セキュリティが確保されていない状態はリスク要因が顕在化した1つのケースにすぎません。したがって，IT統制の直接的な目標に情報セキュリティの確保を設定するのであれば，なぜそれが必要なのかまで遡って考える，すなわち情報セキュリティの確保を通じて達成したい目的を明確にすることが重要になります。

　達成したい目的が異なれば求められるIT統制も異なります。例えば，財務報告の信頼性を担保する目的でIT統制を整備する場合と個人情報の保護を目的としてIT統制を整備する場合とでは，機密性の重要性は大きく異なると考えられます。あるいは，クラウドサービス事業者が提供するSaaS（Software as a Service）アプリケーションと情報共有用の社内ポータルサイトについて可用性の重要度が同じであることは通常想定されません。

　このように，IT統制の目的を正確に理解して目的に応じた統制活動を導入するためには，情報セキュリティが損なわれたときに具体的にどのような損害や業務支障が生じるのかまで検討する必要があります。言い換えると，IT統制を効果的かつ効率的に整備・運用するためには，統制の構築を自己目的化することなく，統制の導入によってコントロールしたいリスクを正確に把握して統制目的を設定することが重要です。

　なお，情報セキュリティの確保が内部統制の目的として位置付けられるものではないという考え方は「財務報告に係る内部統制の評価及び監査の基準」からも読み取れます。この基準は「ITへの対応」を内部統制の目的ではなく内部統制の基本的要素に位置付けており，内部統制の目的に応じてIT統制を整備する必要があることが示されています（**図表1-3**）。

▶ 図表 1 - 3　内部統制の目的と基本的要素

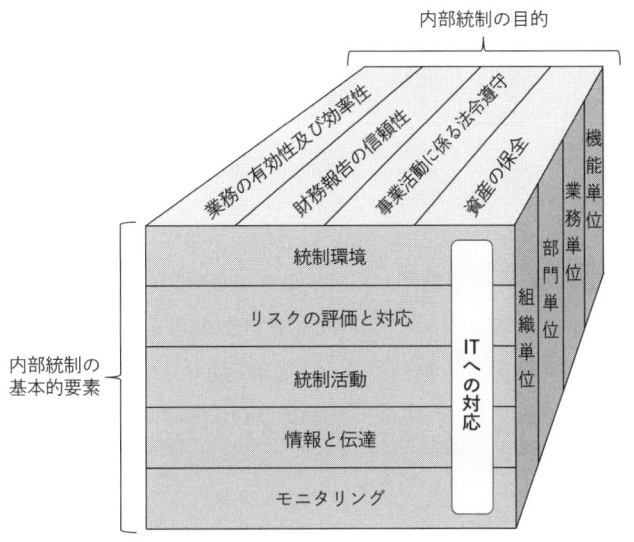

出典：「財務報告に係る内部統制の評価及び監査の基準」，「システム管理基準追補版」
およびCOSO-ICIF（2013）[1]をもとに筆者作成

1.2　ITガバナンス・IT統制に関する ガイドライン

　ITガバナンスやIT統制に関するガイドラインは目的に応じて様々に制定されているため，統制を導入する目的に応じて適切なガイドラインを参照する必要があります。本節では，IT統制やIT監査の全体像を把握する際に参考となるガイドラインとして，COBIT®2019（ISACA）とシステム管理基準（経済産業省）を簡単に紹介します。

1　内部統制の基本的要素と目的および活動単位を立方体で表現する図式は，1992年にCOSOが公表した "Internal Control – Integrated Framework"（COSO-ICIF）で紹介されたことからCOSO CUBEとも呼ばれます。2013年に公開された改訂版のICIFでも，若干の更新はあるものの，同様の図が利用されています。2004年版のCOSO-ERMに記載されていたCOSO ERM CUBEは2017年版COSO-ERMで廃止されましたが，COSO-ICIFのCOSO CUBEは引き続き利用されており，"Enterprise Risk Management for Cloud Computing"（COSO, 2021）ではCOSO-ERMにおけるリスク管理の5つの構成要素の1つである "Performance" に関連付けて援用されています。

■ COBIT®2019

ISACA（Information Systems Audit and Control Association）が策定した「COBIT®2019」（以下，COBIT2019）は，ビジネスの目標とITの戦略を連携させてリスクの管理と価値の実現を強化することを目指して作成された，ITガバナンスのための国際的なフレームワークです。

COBIT2019はガバナンスシステムの6つの原則の1つとしてステークホルダーへの価値提供を掲げており，ステークホルダーのニーズを起点に事業体の達成目標を定め，その実現のためのIT達成目標を設定し，そこからさらにガバナンスとマネジメントの目標に落とし込んでいくというトップダウンアプローチによってビジネスの目標をIT戦略・ガバナンスに反映させています（**図表1-4**）。

▶ **図表1-4　ビジネスからITへの展開**

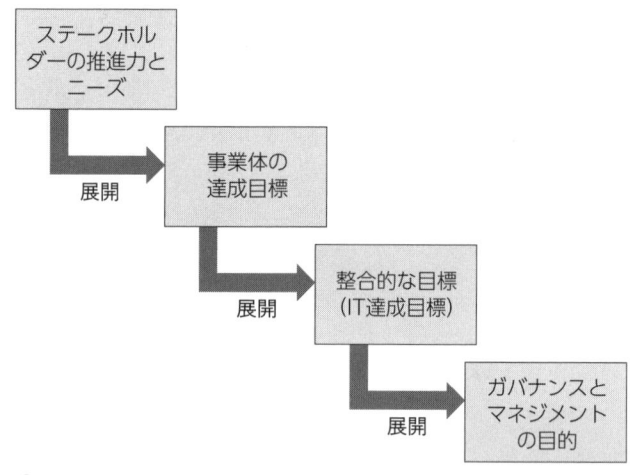

出典：COBIT®2019 Framework：Introduction and Methodology（ISACA），10.2 List of Referenced Standards（筆者訳）

また，COBIT2019はガバナンスフレームワークの3つの原則の1つとして主要なガイドラインやフレームワークへの準拠を掲げており，他のガイドライン・フレームワークとの整合性を考慮して策定されています。したがって，COBIT2019を起点として目的に応じてそれぞれの原典に当たるという使い方

もITガバナンスやIT統制を検討するうえで有用であると考えられます。

＜統合されている主なフレームワーク＞

　・COSO ERM Framework（2017）

　・ISO/IEC 27000シリーズ（情報セキュリティ）

　・ISO/IEC 38500（ITガバナンス）

　・ITIL® v 3 （2011）

　・PMBOK® Guide, Sixth Edition（2017）

　・US National Institute of Standards and Technology（NIST）standards

　・CMMI® Cybermaturity Platform（2018）

　・Core Principles for the Professional Practice of Internal Auditing（IIA®）

出典：COBIT®2019 Framework：Introduction and Methodology（ISACA），10.2 List of Referenced Standardsより一部を抜粋

　また，特に財務報告に係る内部統制に関しては，US-SOXに準拠するためのガイダンスとして"IT Control Objectives for Sarbanes-Oxley"（COBIT for SOX）がISACAから提供されています。

■ システム管理基準（令和 5 年 4 月改訂版）

　経済産業省商務情報政策局サイバーセキュリティー課が公表している「システム管理基準」は，ITの利活用の促進，情報システムにまつわるリスクのコントロール，ITガバナンスの実現などに貢献することを企図して策定されたシステム管理のガイドラインです。令和 5 年の改訂では基準と実践的解説が分離され，後者は「システム管理基準ガイドライン」として日本システム監査人協会（SAAJ）から公開されています。

　システム管理基準はITガバナンスに係る基準とITマネジメントに係る基準から構成されており，前者ではIT戦略の方針や体制に関する指針を，後者ではプロジェクト管理やシステムライフサイクルの各プロセスなど，システムの管理運用に関する指針を提供しています（**図表 1 - 5** ）。

　また，特に財務報告に係る内部統制については，システム管理基準とJ-SOXにおける「ITへの対応」[2]の対応関係を補完するガイダンスとして「システム管理基準追補版（財務報告に係るIT統制ガイダンス）」（経済産業省，平成19

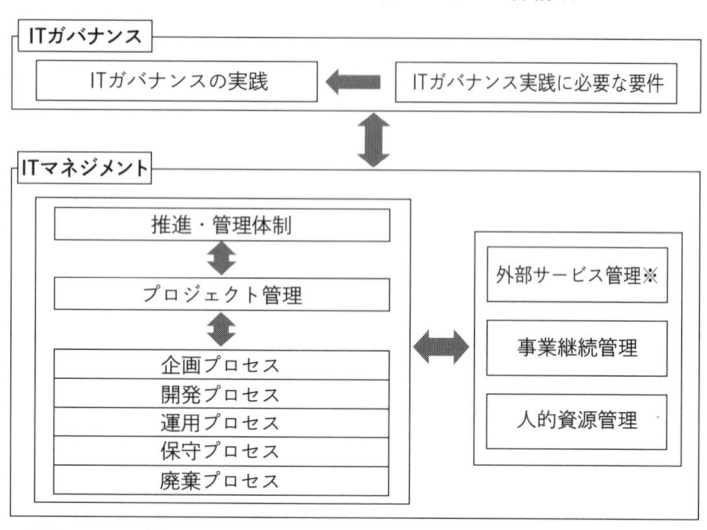

▶図表 1-5　システム管理基準の全体構成

※「外部サービス管理」には，クラウドサービスの管理を含む。

出典：システム管理基準（経済産業省，令和 5 年 4 月）より引用

年）が公開されています。

　COBITと管理基準の他にも，ITガバナンスやIT統制に係る様々なガイドラインが公開されています。いずれのガイドラインを利用する場合においても，ガイドラインに記載されている内容を組織の環境や状況に応じて解釈し，目的に則した内部統制を構築することが重要です。

1.3　IT統制整備のアプローチ

　IT統制に限らず，内部統制を整備・構築する際のアプローチはコントロールベースアプローチとリスクベースアプローチに大別されます[3]。

　前節までに紹介したCOSO-ERMやCOBIT2019ではリスクベースアプローチ

2　「財務報告に係る内部統制の評価及び監査に関する実施基準」（企業会計審議会,令和 5 年 4 月 7 日）において内部統制の基本的要素の 1 つとして「ITへの対応」が挙げられています。

が採用されています。また，2021年６月に改正された監査基準報告書315「企業及び企業環境の理解を通じた重要な虚偽表示リスクの識別と評価」（以下，改正監基報315）においてもリスクベースアプローチの重要性が強調されており，リスクベースアプローチを重視する潮流が明確になってきています。

　一方で，リスクを一から網羅的に検討することは必ずしも容易ではありません。そこで，本節では改めて両者を比較し，内部統制を新たに整備・構築する際の実務的なアプローチを検討します。

■ コントロールベースアプローチ

　コントロールベースアプローチは，ガイドラインやチェックリストなどの事前に定められた一連の要求項目に基づいて統制を構築する手法を指します。このアプローチでは，「個人情報の保護に関する法律についてのガイドライン」（個人情報保護委員会）や"CIS Critical Security Controls"（Center for Internet Security）などの公知のガイドライン・基準の要求事項に沿って内部統制を整備することになります。

　コントロールベースアプローチの長所としては，法規制への準拠性を担保するうえで漏れが生じにくいこと，リスクを網羅的に検討するうえで専門的な知見を有する人員を確保できない場合においても，最低限必要な統制を整備できることなどが挙げられます。

　一方で短所としては，全ての要求項目に対応することが費用対効果の面で常に最適とは限らないこと，基準への準拠が自己目的化してしまう傾向があること，基準に含まれていないリスクが見過ごされる懸念があることなどが挙げられます。したがって，このアプローチを採用する場合，ガイドラインや基準は必ずしも必要なリスク対応を網羅しておらず，特に環境の変化による新興のリスクへの対応については個別に検討しなければならないことへの留意が必要に

3　類似の評価軸として，ルールベースアプローチとプリンシプルベースアプローチが挙げられます。ルールベースアプローチでは，詳細な規程をあらかじめ制定することで恣意性を排除して標準的な統制を導入できると期待されます。プリンシプルベースアプローチでは，原則や規範のみが示され具体的な取り組みについては各実施主体の裁量の下で導入されることから，組織や業務の実態により即した統制を，効果的かつ効率的に導入できると期待されます。ルールベースアプローチの一例がコントロールベースアプローチであり，プリンシプルベースアプローチの一例がリスクベースアプローチであるとも考えられます。

なります。

■ リスクベースアプローチ

リスクベースアプローチは，包括的なリスクアセスメントを起点として，重要性の高いリスクから優先的に対応する手法を指します。

このアプローチの長所としては，適切に実施すれば費用対効果に優れること，リスクアセスメントを通じてリスク状況をより正確に把握できること，環境の変化に応じて柔軟にリスク戦略を更新して必要な内部統制を導入できることなどが挙げられます。

一方で短所としては，有効なリスクアセスメントには対象プロセスに対する深い理解およびリスクと統制に関する専門性が求められること，リスクアセスメントの実施には相応の時間と労力を要することなどが挙げられます。

■ 実務における内部統制整備のアプローチ

ここまでで紹介した通り，コントロールベースとリスクベースアプローチにはそれぞれ長所と短所がありますが，限られた資源の中で効率的にリスク対応を実施するためにはリスクベースアプローチが一般的には望ましいと考えられます[4]。実際，今日においては多くのガイドラインや基準がリスクベースアプローチに基づく対応を求めています。例えば，FISCの安全対策基準[5]は2018年3月に公開された第9版からリスクベースアプローチを導入しており，高リスクなシステムに重点的に安全対策を適用することを要求しています。

しばしば誤解されることがありますが，リスクベースアプローチはガイドラインや基準，チェックリストなどの利用に対して否定的な立場をとるものではありません。公知のガイドラインを参照したり，複数のガイドラインを組み合わせて活用したりすることは，リスクアセスメントの実務における一般的な手法です。

そもそも多くの場合において，ガイドラインや基準は専門家が関連するリス

4　法規制への対応など，要求項目に漏れなく対応すること自体が重要である場合はコントロールベースアプローチがより適切である可能性があります。

5　金融情報システムセンター「金融機関等コンピュータシステムの安全対策基準・解説書」

クやリスク対応を検討した結果を集約して作成されます。したがって，ガイドライン等の活用はリスクアセスメントに専門家の視点を取込み，検討の網羅性を効率的に向上させる方法であるといえます。

　先人の知恵の結晶であるガイドラインをベースにしながら効率的にリスクベースアプローチを導入するには，組織の状況に鑑みてガイドラインの過不足を調整する必要があります。すなわち，関連する1つまたは複数のガイドラインを起点に組織固有の要因に起因するリスクや新興のリスクへの対応を追加し，組織に関連の少ない項目を対象から除外するなどしてガイドラインをカスタマイズすることが求められます（**図表1-6**）。

　また，ガイドラインの活用において重要な点は，ガイドラインに記載されている要求事項に網羅的に対応するのではなく，各記載の根拠となっているリスクや背景にある原則（プリンシプル），達成目標（統制目的）を正しく理解したうえで組織の統制活動に適用することです。ガイドラインに記載されている具体的な施策や事例はあくまで参考情報であり，組織の実情に即した形で統制活動を導入しなければ有効性や効率性が損なわれてしまいます。

　ガイドラインによっては背景やリスクまで丁寧に解説されていますが，そうした情報が明記されていない場合であっても，利用者自身が帰納的にリスクや

▶ 図表1-6　内部統制整備のアプローチ

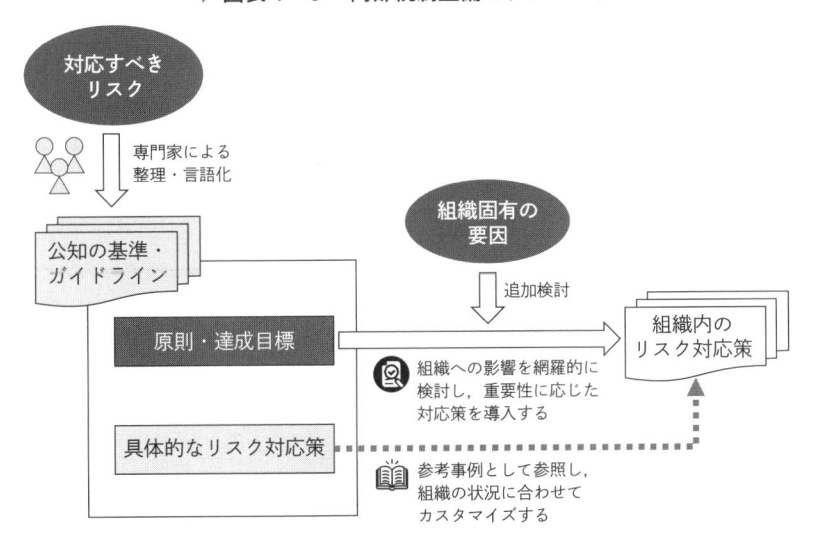

原則を整理して個別の項目への対応を検討することが，リスクアプローチを効果的かつ効率的に導入するうえで非常に重要であると考えられます。

第 2 章

IT監査の概要

本章では，「IT監査」という言葉によって表現される様々な監査を紹介するとともに，監査が与える保証水準の考え方を紹介します。IT監査の結果を利用する際には，評価対象の範囲と保証水準を過不足なく認識することが重要です。

2.1 IT監査への期待と保証水準

　IT監査という言葉に明確な定義はなく，話者や状況次第で指し示す内容が異なります。したがって，「IT監査」という言葉が何を表現しており，その結果に何を期待しているのかについて関係者間で認識を合わせる必要があります。

　一般にIT監査に期待される役割として，監査人による検証を通じてリスクへの対応状況を把握すること，あるいはリスク対応の不足やコンプライアンス違反がないことに対して第三者の保証を得ることなどが挙げられます。ここでいう「保証」はしばしば「お墨付き」などと説明されますが，監査人が提供する保証の水準は実施された手続によって大きく異なります。このため，期待する保証水準に応じた監査手続が実施されるように監査人と事前に調整すること，保証水準を踏まえて監査結果を利用することが重要になります。

　日本公認会計士協会（JICPA）のWebサイト「監査以外の保証業務及びAUPの基礎知識」（2024年7月31日時点）では，保証業務とは「適合する規準①によって主題②を測定又は評価した結果である主題情報③に信頼性を付与することを目的として，業務実施者④が，十分かつ適切な証拠を入手し，想定利用者（主題に責任を負う者を除く。）⑤に対して，主題情報⑥に関する結論を報告する業務」であると説明されています。少々複雑な表現になっていますが，大意としては，ある主体が報告した内容（主題情報）が信頼に足るものかどうかについて第三者として検証して結果を報告することが「保証」であるといえるのではないでしょうか。クラウドサービスを例に保証業務の概要を簡易的に図示すると**図表2-1**のようになります。

　第三者による検証の水準にはいくつかのレベルがあり，「（主題情報の記述内容が）適正に表示されている」のような意見を表明する合理的保証（積極的保証），「（主題情報の記述内容が）適正でないと判断する要素は見当たらなかった」のような結論を報告する限定的保証（消極的保証）のほかに，実施した手続と確認した事実を報告するのみで第三者としての意見や結論は報告しないAUP（合意された手続業務）が存在します。

　業務実施者（監査法人など）が意見や結論を報告しないため，AUPは保証業務ではありません。業務実施者は，実施された手続の具体的な内容および手

▶ 図表 2 - 1　保証業務の概要

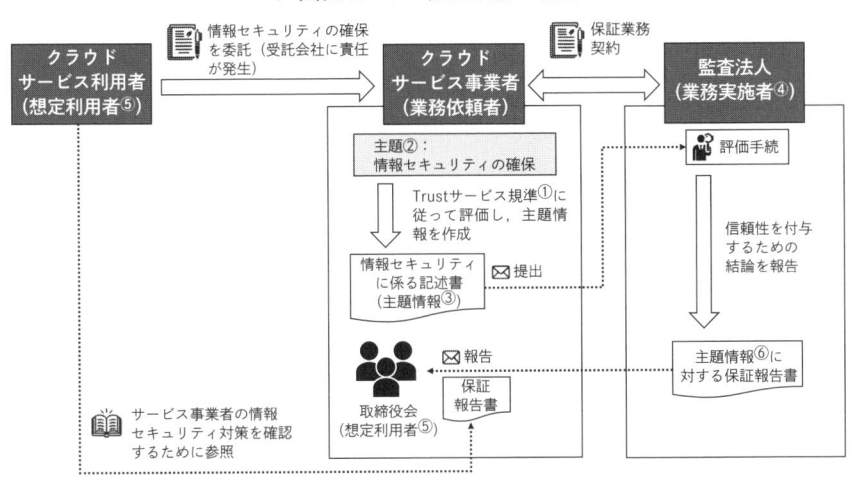

出典：保証業務実務指針3000実務ガイダンス第 1 号監査及びレビュー業務以外の保証業務に係るQ&A（実務ガイダンス）（日本公認会計士協会，2022年10月13日）Q 5 をもとに筆者作成

続結果を事実に即して客観的に記述して報告するのみであり，AUPの結果が依頼人（被評価者）への信頼を裏付けるに十分なものであるかは，報告書の利用者それぞれが判断する必要があります。

　合理的な保証を目的とする監査であれば，例えば「財務報告が適切であることを確認する」「内部統制が有効であることを確認する」といったように監査の目的を設定し，適切な基準に沿って監査人が定める手続に従って評価を行います。一方AUPでは，「項目Aについて，手続aに従って評価する」というように具体的な手続を依頼人が決定し，その手続に沿って業務実施者が検証を行います。すなわち，AUPでは業務実施者が独自に手続を定めることはなく，依頼人と合意した項目を決められた手続に従ってチェックすることのみが求められます。したがって，実施された業務がAUPである場合，たとえ「監査」という言葉で表現されていたとしても監査人による「保証」は与えられておらず，AUP実施結果の利用者自身が報告内容から得られる信頼性の水準を吟味しなければなりません。

▶ 図表 2 - 2　保証業務とAUP

	合理的保証	限定的保証	AUP
例	財務諸表監査	半期報告書開示におけるレビュー	証券会社における顧客資産の分別管理に関する手続
手続の内容・範囲の決定責任	保証業務実施者	保証業務実施者	AUPの依頼者
報告形式	主題情報に対する保証業務実施者の意見を伝達する。	主題情報に虚偽表示があると結論付ける事項が認められたかどうかを伝達する。	実施した手続と確認した客観的な事実のみを伝達する（意見や結論は表明しない）。

　次節以降で紹介するように，ITに関連する検証業務には「監査」と呼ばれる様々な手続がありますが，手続の結果を利用する際には報告されている内容が積極的保証なのか，消極的保証なのか，あるいは保証を与えるものではないのか，保証の水準を見極めることが重要になります。監査業務になじみのある方であれば，「監査」は積極的保証，「レビュー」は消極的保証といったように用語を使い分けることが暗黙の了解となっていますが，必ずしも全ての情報発信者がこうした慣行に従っているとは限らないため，誤解のないように都度内容を確認する必要があります。

⏺ Column ⏺

保証水準への期待ギャップの事例

　2022年11月，業界第二位の規模を誇る暗号資産取引所であったFTX社が破産申請（Chapter11）をしたことにより，暗号資産業界において顧客資産の保護に関する規制および開示の要求が急速に高まりました。

　暗号資産取引所は顧客の暗号資産を預かるカストディアンとしての機能を持っているため，顧客による引き出しに備えて十分な準備金を用意しておく必要があります。FTX社の破産後，業界第一位の暗号資産取引所であったBinance社は顧客からの預かり資産に対して十分な準備金を用意できていることを対外的に開示する仕組みとしてProof of Reserves（PoR，取引所が保有している暗号資産をブロックチェーン上の情報に基づいて確認する仕組み）の取り組みを発表しました（Binance Releases Proof of Reserves System（2022/11/25））。この発表の中で外部監査人による監査を受ける（Involve third-party auditors to audit PoR results）ことも計画されていたことから，準備金について第三者による保証が得られることが期待されていました。

　その後，BinanceのCEOが自身のTwitter（現 X ）上でPoRの監査が完了したと報告し，複数のWebメディアが"Audit"という用語でこれを報道しました。しかしながら，実際には，Binance社が監査法人に依頼した業務は監査ではなくAUPであり，報告書（BINANCE CAPITAL MANAGEMENT CO. LTD.（"BINANCE"）– PROOF OF RESERVE（"POR"）REPORT"（Mazars South Africa））上も監査法人の意見は表明されておらず，あくまでもAUPであると明記されていました。これにより，実際にはBinance社は何らの保証も受けていないにもかかわらず，十分な準備金があることを第三者により保証されているとサービス利用者が誤解してしまいかねない状況が生じました。

　暗号資産に関する監査手続は複雑であり，監査基準も十分に定められておらず，第三者からの保証を得る難易度が非常に高い状況にあります。そうした状況の中で，代替的な選択肢としてAUPを実施して自社の状況を開示する取り組みは当然有意義なのですが，「監査済み」という言葉が独り歩きしてしまい，実態から乖離した過剰な信頼が生じてしまうことは好ましくありません。発信者が用語を正しく用いることももちろん重要ですが，サービスや情報の利用者が正しくリスクを認識し，第三者による保証の有無やその水準を誤解なく理解するためには，利用者自身が報告書にきちんと目を通してリスクを評価することが重要です。

2.2 IT監査の種類と目的

　前節では，「監査」と銘打たれた検証であっても，必ずしもその全てが財務諸表監査と同水準の保証を与えるものではないことを紹介しました。本節では，IT領域における監査人の業務のうち，「監査」と呼ばれることの多いものをいくつか紹介します。

■ 財務諸表監査におけるIT監査

　財務諸表監査やSOX監査（内部統制監査）の一環として行われる内部統制の評価のうち，ITに関連する内部統制を評価する手続を指して「IT監査」や「システムレビュー」と呼ぶことがあります。財務諸表監査自体が積極的保証を与えるものですから，その一環として行われるIT監査についても同様の水準で検証されることが一般的です。

　しかしながら，財務諸表監査における積極的保証の対象はあくまでも財務報告に重要な虚偽表示が含まれていないことであり，IT統制の有効性を単独で保証の対象としているわけではないことには注意が必要です。すなわち，SOX監査の一環としてIT統制が検証されている場合であっても，監査人が意見を表明するのはあくまでも財務報告に係る内部統制全体の有効性に対してであり，IT統制のみを切り出してその有効性について意見を表明することはありません。

　また，検証対象も財務報告に関係する領域に限られます。したがって，例えば財務諸表監査の一環でIT統制の監査も受けており指摘が出ていないとしても，個人情報の保護や外部からの攻撃への備えといったサイバーセキュリティ対策を含む情報セキュリティ対策全般に課題がないと判断することはできません。

■ SOCレポートの発行

　業務受託会社が対外的に内部統制の有効性を示す目的で監査人に保証を依頼し，その評価結果として監査人が発行するレポート（保証報告書）をSOCレポート（System and Organization Controls Report）と呼びます。SOCレポートは，委託会社の財務報告に係る受託会社の内部統制を主題とするSOC 1，受

託業務における受託会社の情報セキュリティ[6]に係る内部統制を主題とする
SOC 2 およびSOC 3 の 3 つに分類されます。さらに，SOC 1 とSOC 2 には
Type 1 とType 2 が存在し，Type 1 では内部統制の整備状況の適切性に対す
る意見，Type 2 では内部統制の整備状況ならびに運用状況の有効性に対する
意見が報告されます。

　また，種類によってレポートの想定利用者も異なります。評価対象のシステ
ムについて最低限の理解を持つステークホルダーへの情報提供を目的としてい
るSOC 1 とSOC 2 に対して，SOC 3 は潜在的な顧客など広く一般に向けた情
報提供を目的としています。このため，SOC 2 とSOC 3 では監査人による検
証の内容自体に大きな差はありませんが，SOC 2 の方にはより詳細な情報を記
載することになります。

▶ **図表 2 - 3　SOCレポートの種類と概要**

	SOC 1	SOC 2	SOC 3
主題情報	委託会社の財務報告に係る受託会社の内部統制	受託会社における情報セキュリティに係る内部統制（セキュリティ・可用性・処理の完全性・機密保持・プライバシー）	
日本基準	保証業務実務指針3402「受託業務に係る内部統制の保証報告書に関する実務指針」	保証業務実務指針3702「情報セキュリティ等に関する受託業務のTrustに係る内部統制の保証報告書に関する実務指針」	
開示範囲	委託会社や委託会社監査人などに個別に開示する。	委託会社や委託会社監査人，規制当局などに個別に開示する。	Webサイトなどで不特定多数に開示する。
報告内容	Type 1 ：受託業務に係る内部統制システムの記述と内部統制の整備状況の適切性に係る評価 Type 2 ：受託業務に係る内部統制システムの記述と内部統制の整備状況の適切性，運用状況の有効性に係る評価（テスト手続・結果を含む）		一般公開に向けた概要報告のみ

6　ここではセキュリティ，可用性，処理の完全性，機密保持およびプライバシーを指し，TSP
　Section 100 "2017 Trust Services Criteria for Security, Availability, Processing Integrity,
　Confidentiality, and Privacy"（Trustサービス規準）にて各種基準が設定されています（日本公認会
　計士協会より訳文が提供されています）。

　SOCレポートは必ずしもIT領域に限って発行されるものではありませんが，代表的な事例としてクラウドサービス事業者が外部監査人にレポートの発行を依頼するものが挙げられます。

　例えばクラウド会計システムは財務諸表監査上の重要性が高いシステムであるため，ユーザ企業の外部監査人にはクラウド会計システムに係る内部統制の理解が求められることが一般的です。サービス事業者がSOCレポートを取得していない場合，各ユーザ企業の監査人から寄せられる内部統制に係る問い合わせに個別に対応しなければならず，ユーザの増加に比例して監査対応の負担が増加することが想定されます。

　一方で，SOC 1 レポートを取得していれば，ユーザ企業の財務報告に影響を与えると想定される重要な内部統制の有効性について保証を受けていることをSOC 1 レポートの配布によって示すことができ，監査対応の負荷を大幅に軽減することができます。

　SOC 2，SOC 3 レポートについても同様で，ユーザ企業やサービスの利用を検討している企業からの情報セキュリティに係る問い合わせへの対応を効率化できるとともに，一定の水準を満たした情報セキュリティ対策が導入されていること，対策の実施状況について第三者からの保証を受けていることを対外的に示すことができます。

　なお，SOC 1 レポートの範囲がIT全般統制であるような場合には，SOC 2 レポートやSOC 3 レポートと内容が一部重複することが想定されます。しかしながら，統制目的（主題情報）に応じて検証される内容も異なるため，財務諸表監査目的でSOC 2 レポートを利用する，セキュリティ監査目的でSOC 1 レポートを利用するといった転用は推奨されず，やむを得ず利用を検討する場合には十分な注意が必要になります。

■ 認証制度のための準拠性監査

　認証制度によっては，認証の取得や更新にあたって第三者による検証の結果を報告することが求められます。代表的な例としてはISMS認証やISMAP認証[7]が挙げられます。

　認証制度への対応を目的とした準拠性の検証における手続の深度は制度ごとに異なります。例えば，ISMS認証では規程類の確認が主である一方で，ISMAP

認証であれば内部統制の運用状況も含めて検証されます。保証業務における検証のように評価者（監査人など）が独自に検証項目を設定するのではなく，認証制度が要求する項目が検証対象になります。したがって，制度の要求事項を理解して検証の範囲および深度を正確に把握することが重要になります。

　また，認証を取得する会社においては，認証が要求する検査が規程類の検証のみであるような場合においても，内部監査機能などを活用して内部統制の運用状況の有効性を定期的に自主点検し，実効性のある対策が講じられていることを確認することが推奨されます。

■ リスク対応のための任意監査（システム監査）

　法制度や認証の要求がない場合であっても，情報システムの安定的かつ安全な運用を維持することを目的として定期的に統制活動の運用状況について内外監査人の評価を受けることがあります。具体的には，公知のガイドラインや社内規程に従ってシステムが管理・運用されていることを確認する自主点検としてのシステム監査が挙げられます。また，ある程度以上の規模の会社であれば，情報システム管理規程などで内部監査人または外部監査人による定期的なシステム監査の実施が要求されていることも少なくありません。

　こうした任意監査としてのシステム監査における手続の深度は監査目的に応じて異なります。例えば，情報システムの管理に係る内部統制の有効性について外部関係者に対して説明責任を果たさなければならない場合には外部監査人による保証を求めるかもしれません。あるいは，あくまでリスク管理活動の一環という位置付けであり，外部監査人による保証までは必要としないということであれば，内部監査による検証の結果をリスク分析に活用するということも考えられます。

　全てのシステムを任意監査の対象とすることは現実的ではないため，重要性

7　政府情報システムのためのセキュリティ評価制度（Information system Security Management and Assessment Program, ISMAP）は，「クラウド・バイ・デフォルト原則」を踏まえた政府情報システムの整備にあたり，セキュリティ対策が行われているクラウドサービスを効率的に調達できるように，NISC，デジタル庁，総務省，経済産業省を所管省庁として制定されました。政府調達への参加を希望するクラウドサービス事業者は，ISMAP管理基準の要求事項が満たされていることについてISMAP登録監査機関の確認を受け，政府機関等が調達対象とするクラウドサービスの一覧である「ISMAP等クラウドサービスリスト」に登録することになります。

の高いシステムを順次選定することになりますが，監査項目については選定されたシステム固有の状況を加味してカスタマイズする必要があります。例えば，経済産業省が公表している「システム管理基準」や「システム監査基準」をベースラインにしながら，個人情報を有するシステムについては個人情報保護法の観点を追加する，事業継続上の重要性が高いシステムにおいてはBCP（Business Continuity Plan, 事業継続計画）の観点を拡充するなどの調整が考えられます。

■ プロジェクト監査

　情報システムの新規導入や更改がスムーズに行われるように，プロジェクトと並走してプロジェクト管理上の課題を適時に検知・改善していくための監査，もしくは完了したプロジェクトが適切に管理されていたのかを事後的に検証するための監査を指してプロジェクト監査と呼ぶことがあります。前者の場合にはプロジェクト管理のルールが遵守されていることを独立した立場から監視する牽制機能の役割を，後者の場合にはプロジェクトが失敗した場合などに事後調査による原因究明の役割を担うことが想定されます。

　プロジェクト監査も前項で紹介したシステム監査と同様に任意監査ではありますが，監査の目的が異なります。前項のシステム監査は稼働中のシステムに係る保守・運用プロセスを監査対象としてシステムの継続的かつ安定的な稼働を脅かすようなリスクへの対応状況を検証することが一般的です。一方でプロジェクト監査においては，システム開発プロセスやプロジェクトマネジメントの在り方を監査対象として，リリース後の安定的な稼働を脅かすリスク要因を検証するとともに，システム開発プロジェクトのQCD（品質・コスト・納期）を計画通りに達成できるように，適時な改善のための情報を提供することが期待されます。

■ スマートコントラクトの監査

　スマートコントラクトとは取引における契約の自動化を指す言葉であり，身近な例としては自動販売機が挙げられます（**図表 2 - 4**）。

▶ 図表 2 - 4　自動販売機における契約の自動執行

契約（取引と条件）の事前定義	条件の達成	取引の自動執行
 商品価格以上の入金があれば，選択された商品を提供する。	 利用者が商品を選択し，必要額を入金する。	 貨幣と引換えに商品を提供する契約が自動執行される。

　近年においては，特にブロックチェーン上で実行されるプログラムを指す言葉として利用されていますが，特定の条件が満たされることで取引が自動執行されるという点に変わりはありません。

　スマートコントラクトの脆弱性を攻撃されて暗号資産が盗まれる事件も発生しており，ブロックチェーンの社会実装が進むにつれてスマートコントラクトの信頼性の確保は重要な論点となります。そうした中で，ユーザに安心を提供すべく，特にセキュリティの観点からスマートコントラクトを監査する取り組みも広まりつつあります。

　一方で，ブロックチェーンは特定の管理主体に依存せずにシステムを安定稼働させられる点が特徴であるため，監査人に監査を依頼し報酬を支払う主体が存在しないことが想定されます[8]。すなわち，被監査人が監査を依頼し，専門的な知識を有する監査人が監査を実施するという従来のスキームが成立しない可能性があります。

　そうした状況の中で監査の需要に応える新しい仕組みとして，特定の監査人に監査を依頼するのではなく，監査依頼を不特定多数に対して公開して世界中の開発者[9]が任意で監査を実施し，有効な発見事項を報告した開発者に対して賞金（トークン）を支払うという取り組みも生まれています。

　インセンティブ設計に基づき不特定多数の開発者が自発的に監査することによって得られる信頼性の程度は，特定の監査人がその責任の下に監査を行う従

8　特定の管理者がシステム全体を管理しているプライベートチェーンであれば管理者が存在しますが，ここではEthereumのようなパブリックチェーンを想定しています。

9　Discordなどのオンラインツールで形成されている，ブロックチェーンプロジェクトに係るコミュニティの中で監査人が募集されるケースが想定されます。プロジェクト関係者には自身の関与するブロックチェーンのセキュリティを確保するインセンティブがあるため，それを動機付けとして検証を行わせる仕組みになっています。

来の監査と必ずしも同程度とはいえないかもしれませんが，今後スマートコントラクトの社会実装が進むにつれて新しい選択肢の１つとして議論されることになるのではないでしょうか。

⌐• Column •⌐

時間軸による監査の分類

　時間軸の観点から監査や検証業務を分類してみると，過去の事実を検証するものと，不確実な未来への準備の状況を評価するものに大別できます。

　例えば財務諸表監査（会社法監査）は，過去１年間における会社の実態が財務数値として適切に表現されていることを検証し，過去の事実（資産や取引の状況）が正確に開示されることを保証することを目的としています。もちろん，開示された財務情報が事業予測や投資判断に利用されるわけですが，監査手続自体はあくまで過去を指向していると言えます。あるいは，過去の事実を詳らかにすることが目的であるという意味で，フォレンジック調査のような側面があるとも言えるかもしれません。

　内部統制監査（SOX監査）や任意監査としてのシステム監査，情報セキュリティ監査などにおいても内部統制の運用実績という過去の事実を検証することになりますが，その目的は過去において内部統制が有効であったことを検証することよりもむしろ，将来においても財務報告の信頼性の担保や情報セキュリティの確保といった統制目的が継続的に達成される蓋然性を評価することにあり，その意味において未来を指向していると言えます。したがって，評価時点における問題の発生状況だけでなく，将来的に問題に繋がりうる課題の早期発見や予防策の提示が期待されることになります。

　IT監査を実施する際にこのような時間軸の観点も考慮することで，より目的に即した手続の策定や報告に繋がるのではないでしょうか。

第 3 章

財務諸表監査における
IT監査の全体像

本章では，財務諸表監査におけるIT監査（システムレビュー）の全体像を概観しながら，情報システムと業務プロセスの繋がりの中でIT統制の重要性をどのように評価するかを紹介します。本章で確認する考え方は必ずしも財務諸表監査におけるIT監査のみに当てはまるものではなく，第2章で紹介した様々なIT監査においても活用できます。

3.1 なぜ内部統制の評価が必要なのか

　被監査会社の作成した財務報告に重要な虚偽表示（投資家の判断に影響を与えるような財務報告における誤り）が含まれないことを，独立した第三者である外部監査人が検証して意見を表明する監査を財務諸表監査といいます。会社法上の大会社（資本金が5億円以上，または負債金額が200億円以上）には会計監査人による監査を受けることが会社法によって義務付けられている（会社法第2条，第328条）ことから，会社法監査と呼ばれることもあります。

　他方，金融商品取引法に定められた内部統制報告制度（通称J-SOX制度）に基づいて実施される（金商法第24条の4の4，第193条の2），監査人が財務報告に係る内部統制の有効性を検証して意見を表明する監査はJ-SOX監査[10]，内部統制監査，金商法監査（以下，SOX監査）などと呼ばれ，全ての上場会社に義務付けられています。

　両者の最大の違いは，財務諸表監査の目的が財務報告内容の信頼性の検証であり「財務報告が作成されるプロセス」については意見を表明しないのに対し，SOX監査の目的は不正や誤謬により財務報告の信頼性が損なわれるリスクが内部統制によって十分に低減されていることに対して意見を表明することにある点です[11]。

　一方で，SOX監査と異なり内部統制について意見を表明しない会社法監査おいても，内部統制の理解だけでなく運用状況の有効性が評価対象に含まれることがあります。その目的を理解するためには，監査におけるリスクの考え方を確認する必要があります。

10　21世紀初頭の大規模な粉飾決算を機に米国で制定された「Sarbanes Oxley Act」（サーベンス・オクスリー法：上場企業会計改革および投資家保護法）に基づいて各国で類似の法令が制定されており，米国であればUS-SOX，日本であればJ-SOXのように表現されます。

11　J-SOXにおいてはインダイレクトレポーティングが採用されており，外部監査人が内部統制の有効性に対して意見を直接的に表明するのではなく，経営者が作成した内部統制報告書の信頼性に対して意見を表明します。したがって，J-SOX監査の正確な目的は「経営者の作成した内部統制報告書が，（中略）内部統制の有効性の評価結果を全ての重要な点において適正に表示しているかどうかについて，（中略）判断した結果を意見として表明すること」（「財務報告に係る内部統制の評価及び監査に関する実施基準」，企業会計審議会）と説明されるべきですが，ここでは財務数値そのものではなく内部統制に焦点が当たっていることを説明するために簡便的に記載しています。本書でSOX監査の目的に言及する際は，以降も同様の方法で記載しています。

▶ **図表３－１　監査におけるリスクの考え方**

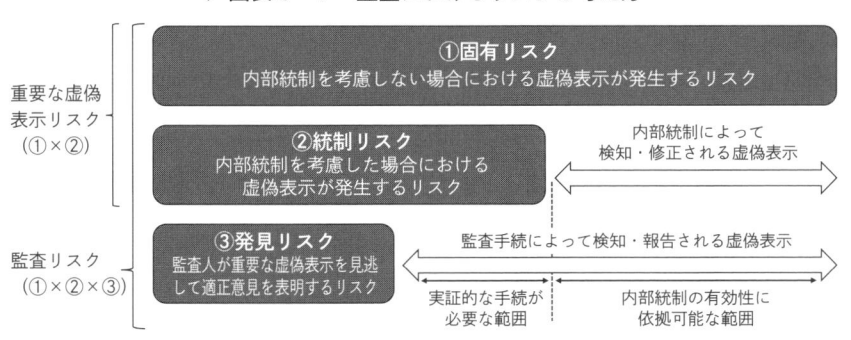

　監査人が重要な虚偽表示を見逃すリスクを「監査リスク」といいます。監査人が財務報告の内容に対して適正意見を表明するためには，監査リスクが十分に低いと判断できるまで監査証拠を入手する必要があります。監査リスクは「固有リスク」「統制リスク」「発見リスク」に分解され，固有リスクと統制リスクを統合したリスクを「重要な虚偽表示リスク」と呼びます。監査人は監査計画において，重要な虚偽表示リスクを固有リスクと統制リスクに分けて評価し（改正監基報315第５項），その高低に応じて収集すべき監査証拠の水準を決定することが求められます。

　図表３－１に示したように，内部統制によって虚偽表示リスクが低減されているのであれば，内部統制の有効性を確認することによって実証的な手続（監査人固有の手続）を削減することができます。このように，内部統制の有効性を前提に監査手続を効率化することを「内部統制に依拠する」と表現します。逆に，内部統制が全く存在しないような場合や，内部統制の評価が費用対効果に鑑みて効率的ではない場合には，実証手続の範囲を拡大して発見リスクを低減させる必要があります。

　すなわち，会社法監査において内部統制の運用状況の有効性を評価する目的は，内部統制に依拠することで監査手続を効率化する点にあり，内部統制の評価は監査の目的ではなく手段であるといえます。したがって，内部統制の評価を簡易的なものにとどめて実証手続により重きを置くことも選択肢となります。一方で，SOX監査においては被監査会社自身が重要な虚偽表示が生じるリスクを十分低減できるだけの内部統制を構築していることを確かめることが目的

となるため，内部統制の評価を実証手続で代替することはできません。

　目的の違いにより監査手続に求められる深度も異なるため，監査人は内部統制を評価する目的を正しく把握して検証の深度を過不足なく調整する必要があります。同様に，被監査会社は監査人により評価されている範囲を正しく認識したうえで評価結果を利用することが重要です。

3.2　なぜIT統制の評価が必要なのか

　IT統制は内部統制の一部であるため，IT統制の有効性を監査する目的も前節で説明した通りです。すなわち，会社法監査であれば監査手続の効率化，SOX監査であれば重要な虚偽表示リスクを低減できる水準で内部統制が整備・運用されていることの確認が目的となります。

　会計監査やSOX監査で評価することが求められるITに係る内部統制と関連する用語は**図表3-2・3-3**のように整理できます。

　IT統制が評価対象となるのは，業務プロセスおよび内部統制の理解を通じて，ITを利用した内部統制[12]やIT自動化統制（以下，総称して「ITへの依拠」）が重要な虚偽表示が生じるリスクを低減するうえで重要な内部統制（キーコントロール）であると判断された場合です。

　システム上の処理が継続的に正しく実行されるためには，システム全体が適切に管理・運用されているとともに，システムへのデータ入力やデータ出力時の条件設定についても信頼性が担保されている必要があります。したがって，ITへの依拠がキーコントロールとして識別された場合には，関連する情報処理統制[13]，IT全般統制およびIT全社統制もあわせて評価することが求められます。また，内部統制の整備に責任を負う会社自身も，ITに依拠した内部統制を構築するのであれば関連する情報処理統制，IT全般統制およびIT全社統制もあわせて構築しなければなりません。

12　債権管理プロセスにおける売掛金年齢表のレビューなど，システムから出力された帳票をレビューする内部統制などが該当します。統制活動であるレビューは手作業により行われますが，データをシステムから抽出する処理はシステムによって自動化されています。

13　ここでは特に「ITへの依拠を支えるマニュアル統制」を指します。情報処理統制の詳細は3.6「情報の信頼性を支える情報処理統制」で詳述します。

▶ 図表 3 - 2　　IT統制の位置付け

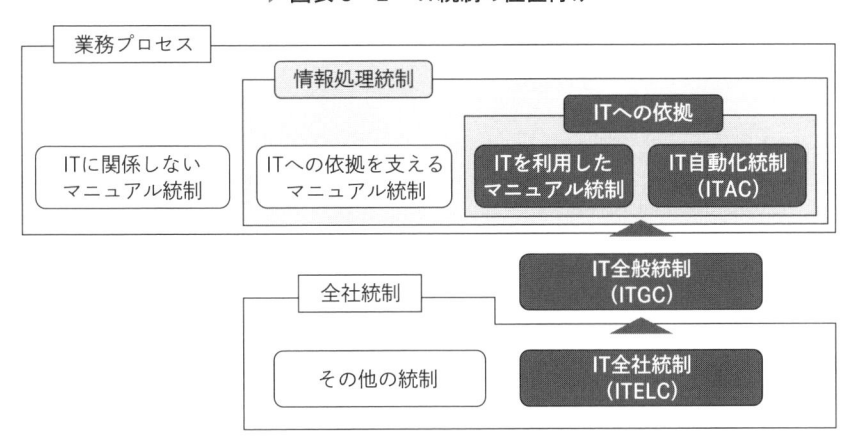

▶ 図表 3 - 3　　IT統制に関する用語

用語	概要
IT自動化統制（ITAC）	手作業が介在しない，自動化された統制
ITを利用した マニュアル統制	統制活動の一部をITシステムが担っているが，責任者による承認などの手作業が介在する統制
ITへの依拠	IT機能が正しく動作しなければ有効性を維持できない統制（ITACおよびITを利用したマニュアル統制）の総称
ITへの依拠を支える マニュアル統制	システムへのデータの入力やデータ出力時の条件設定など，システム内部と外部の境界において処理の信頼性を担保する手作業による統制
情報処理統制	情報の完全性を担保する統制。ITへの依拠およびそれを支えるマニュアル統制の総称
IT全般統制（ITGC）	IT機能が実装されているシステムを適切に管理・運用し，情報セキュリティを担保する統制
IT全社統制（ITELC）	ITに関連する方針や手続きなど，企業全体でITに係る統制が機能することを担保する統制

3.3　IT監査人が参照する監査基準

　財務諸表監査の一部として実施される手続である以上，IT監査においても一般に公正妥当と認められる監査の基準に沿った手続が求められます。JICPAのWebサイトでは「一般に公正妥当と認められる監査の基準」は次のように説明されています。

　企業会計審議会により定められた「監査基準」，「監査に関する品質管理基準」，「監査における不正リスク対応基準」及び公認会計士協会の「監査実務指針」をいう。

　「監査基準」は，全ての公認会計士が財務諸表監査において準拠すべきもので，「監査の目的」「一般基準」「実施基準」「報告基準」により構成されている。

出典：「会計・監査用語かんたん解説集」＞「一般に公正妥当と認められる監査の基準」より抜粋

　IT監査に係る内容は，これらの基準の構成要素として各所に記載されています。例えば，改正監基報315にはIT環境に係るリスク評価が含まれていますし，ITリスクへの対応の詳細については監査基準報告書315実務ガイダンス第1号「ITの利用の理解並びにITの利用から生じるリスクの識別及び対応に関する監査人の手続に係るQ&A（実務ガイダンス）」（以下，監基報315実務ガイダンス第1号）などが公表されています。特に後者は情報処理統制の評価に関して具体的な指針を示しており，実際の手続を理解するうえで大いに参考になります。

　また，SOX監査における内部統制評価の実務指針として策定されている財務報告内部統制監査基準報告書第1号「財務報告に係る内部統制の監査」（以下，「内基報1」）も，その参照先である「財務報告に係る内部統制の評価及び監査の基準」ならびに「財務報告に係る内部統制の評価及び監査に関する実施基準」とあわせてIT統制の評価及び監査の基準を含んでおり，実務における重要な参照先となります。

　また，監査基準ではないためあくまでIT統制の枠組みを理解する資料という位置付けにはなりますが，第1章でも紹介した「システム管理基準追補版

（財務報告に係る IT 統制ガイダンス）」（経済産業省）も，一般的な IT 統制を確認するうえで有用な参照先となります。

3.4　被監査会社における重要な IT 統制

　ここからは，IT 統制の評価の進め方を具体的に確認しましょう。本節では，財務報告の信頼性を確保するうえで重要な IT 統制を識別する流れを紹介します。

　IT 統制は業務処理統制（IT への依拠），全般統制，全社統制と大きく 3 つのレイヤに分類されます。これらの統制は**図表 3 − 2** で示した通り，IT 業務処理統制を IT 全般統制が支え，IT 全般統制を IT 全社統制が支えるという形で互いに関係しています。すなわち，IT 全社統制が十分でなければ IT 全般統制が有効でない可能性が高まり，同様に IT に依拠する業務処理統制も有効でない可能性が高まります。したがって，リスクに応じた監査手続を実施するためには，まず IT 全社統制を理解して IT 全般統制の評価に反映し，その結果をさらに業務処理統制（IT への依拠）の評価に反映することが求められます。

　では，財務諸表監査において，IT 全社統制が有効でないことによって引き起こされるリスクとは何でしょうか。先ほどの説明を踏まえると，IT 全般統制の不備が生じるリスクとも答えられそうですが，IT 全般統制の有効性の確認は財務諸表監査の最終的な目的ではないため，最終的なリスクとはいえないようにも思われます。財務諸表監査の目的は被監査会社が作成した財務報告の信頼性を検証して意見を表明することですから，IT 全社統制の不備に係るリスクも財務報告の信頼性に紐付けて説明される必要があります。

　そもそも財務諸表作成の観点において会社が IT に依拠しているとは，財務数値の処理に IT を利用しているということであり，ビジネスプロセスの中に IT が組み込まれていることを意味します。したがって，IT 統制の重要性やリスクはビジネスプロセスの重要性やリスクに紐付けてのみ検討できるといえます。

　IT 統制の評価にあたってリスク検討の範囲を IT に直接的に関係する領域に限定してしまうと，IT 全社統制や IT 全般統制とビジネスの繋がりが見えにくくなり，内部統制の評価が自己目的化してしまうことも懸念されます。IT 統

▶ **図表 3 - 4　重要なIT統制の識別**

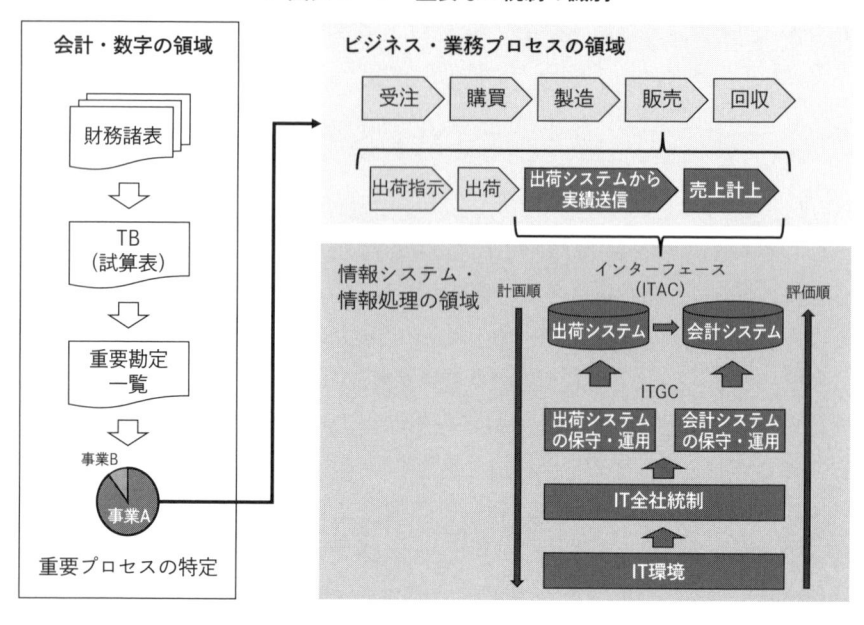

制が財務報告の信頼性に与える影響を正しく評価するためには，会社のビジネスを中心に会計とITが繋がっていることを認識することが重要です。

　そうした一連の流れの中で被監査会社における重要なIT統制を識別するプロセスを整理すると**図表 3 - 4**のようになります。

　財務報告の信頼性に影響を与えるIT統制を識別するためには，まず財務諸表のもととなる試算表（Trial Balance）から重要性のある勘定科目を識別し，識別された科目に紐づく商流および業務プロセスを特定します。その後，各プロセスの詳細な理解を通じて被監査会社によるITへの依拠を識別します。業務プロセスの特定の流れは「財務報告に係る内部統制の評価及び監査の基準」にてわかりやすく図示されています（**図表 3 - 5**）。

　図表 3 - 4では，出荷情報が会計システムにインターフェースされることで売上が計上されています。この時，会社は販売プロセスの一部をITに依拠しているといえます。

　ITへの依拠を識別したのちは，その機能を支えているシステム（図中の出荷システム，会計システム）を特定し，各システムに関係するIT全般統制，

▶ **図表 3 - 5　会計情報と業務プロセスの繋がり**

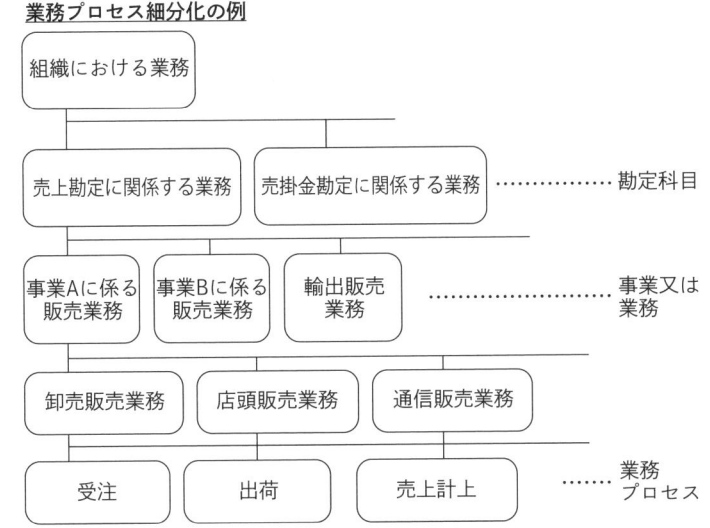

出典：財務報告に係る内部統制の評価及び監査の基準より引用

IT全社統制を識別するとともに，IT環境全体における各システムの位置付けを理解することが求められます。こうした全体像を踏まえると，例えば出荷システムにおけるIT全般統制の不備によるリスクは「売上計上の基礎となる出荷データの信頼性が損なわれることで，売上に係る勘定科目の信頼性が担保されないリスク」のように説明することができます[14]。

　このような全体像の中で実効性のある監査を実施するためには，会計・ビジネス・ITを一体不可分なものとして理解し，評価しなければなりません。そのためには，会計監査人によるITの理解，IT監査人によるビジネスおよび会計の理解の双方が必要となります。

14　例えば同じシステムが在庫管理上も重要なシステムである場合，在庫管理プロセスにおけるITへの依拠を通じて棚卸資産や売上原価に影響することも想定されますが，ここでは簡単化のために販売管理プロセスへの影響のみを例示しています。

┌─ **Column** ──────────────────────────────────────┐

ITACの評価を通じたビジネスプロセスの理解の深化

インターフェースのような機能はバックエンドの処理であるため，会計監査人や業務部門の担当者も正確な仕組みを必ずしも把握していません。

特に，インターフェースされたデータを会計システムに取り込む際に仕訳を自動で作成する仕組みについては，会計監査人や業務部門の理解と実際の仕組みが異なることがあります。

例えば，業務部門へのウォークスルーでは会計システムが取り込んだデータをもとに自動で仕訳を生成すると説明されていた場合でも，実際には上流システム側で勘定科目も含めて送信データを用意しており，会計システムはデータを取り込んでいるのみというケースも少なくありません。この場合，自動仕訳の機能はむしろ上流システム側にあると考える必要があります。

こうした認識齟齬をウォークスルーの過程で識別することはほぼ不可能であり，ITACの検証の過程で検知されることがほとんどだと思われます。したがって，IT監査人がこうした認識齟齬を検知した際には，ビジネスプロセスをより正しく把握できるように会計監査人および業務部門に正しい理解を共有することが期待されます。

└──┘

3.5 　監査計画におけるITへの依拠

前節では，重要なビジネスプロセスにおけるITへの依拠を特定し，関連するIT全般統制やIT全社統制を理解することで，被監査会社における重要なIT統制の全体像を把握する流れを確認しました。本節では，監査上評価対象とすべきITへの依拠を特定する際の検討事項を確認します。

SOX監査であれば，監査目的が財務報告の信頼性を支える内部統制の有効性について意見を表明することであるため，ビジネスプロセスの中で重要なITへの依拠が識別されたのであれば評価対象とすることが一般的です[15]。

---

15 監査工数まで含めて内部統制の効率性を検討した結果，代替的な統制を導入することで特定のITの機能に依拠しないように内部統制のデザインを再構築したような場合には，必ずしも当初識別された機能を評価対象に含める必要はありません。具体的には，インターフェースへの依拠を避けるために上流システムと下流システムのデータを突合するマニュアル統制（ITを利用したマニュアル統制）を導入するといったケースが挙げられます。

▶ 図表 3 - 6 　 IT統制に依拠する手続と実証的な手続の評価範囲

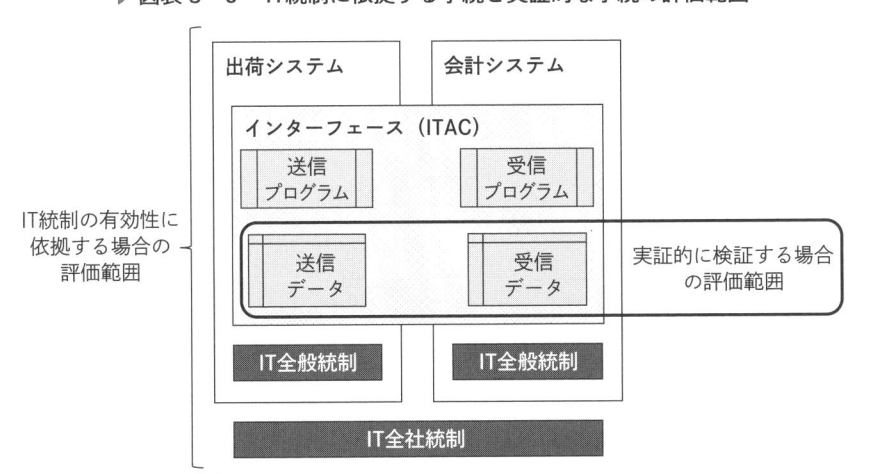

　一方で，財務諸表監査目的のみである場合，IT統制を評価する費用対効果をより慎重に検討する必要があります。**図表3-4**の例では，インターフェースの評価１つのためにIT全般統制の評価対象が２システム増え，IT全社統制も評価対象となっています。IT全般統制やIT全社統制の評価の詳細については後述しますが，いずれの評価にもそれなりの時間と労力が必要となります。

　インターフェースの他にITへの依拠が存在せず，出荷システムと会計システムから１年分のデータを全て抽出して突合することが現実的に可能なのであれば，IT統制に依拠するよりもデータを全量突合して差異がないことを実証的に検証するほうが監査手続としては効率的かもしれません（**図表3-6**）。

　インターフェース機能の信頼性に依拠する監査手続においては，１処理分についてデータが正確かつ網羅的に送受信されていることを検証するとともに，IT全般統制が有効であることを確認します。これらの手続により，監査対象期間を通じてインターフェースが設計通りに機能しており，結果として出荷システムの１年分のデータが全て正確に会計システムに反映されているという間接的な心証が得られます。

　一方で，実証的な手続においては，１年分のデータを直接比較し，結果論として２システム間でデータが一致していることの直接的な心証を得ることになります。言い換えると，ビジネスプロセスにおける重要なITへの依拠を識別

したうえで，その仕組みそのものを評価する手続がIT統制に依拠するアプローチ，会社がITへの依拠によって達成したい結果を直接的に検証する手続が実証的なアプローチであるといえます。

　もちろん，実証的なアプローチにおいても基幹システム側のデータが改ざんされていないことの検証は必要です。しかしながら，改ざんリスクへの対応としてデータベースの保護に係るIT全般統制や送信データと外部証憑の突合などの手続を加えたとしても，2システム分のIT全般統制を評価するよりも実証的なアプローチの方が効率的な可能性は十分にあります。

　なお，データ量が膨大であり全量出力が現実的でない，もしくは出力作業の負荷が高く本番環境の安定稼働に影響を及ぼすような場合もあるため，必ずしも手続の効率性だけからアプローチを決定することはできません。したがって，IT統制に依拠する手続と実証的に検証する手続それぞれの善し悪しについて，被監査会社と監査人で意見を交換しながら評価対象とするITへの依拠を検討することが重要です。

　さて，ここまで被監査会社によるITへの依拠を監査対象に含めるケースと含めないケースについて述べてきましたが，もう1つのパターンについても検討が必要です。すなわち，会社が依拠しないITの機能に監査人のみが依拠するケースです。

　例として，返品処理に係る実証手続にあたってシステムから「返品一覧」と

▶ 図表3-7　監査人のみが依拠するITの機能

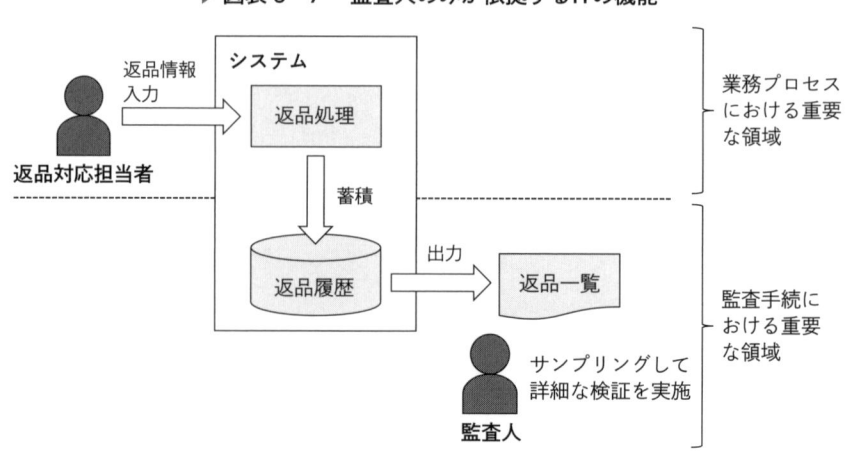

いう帳票を母集団資料として出力しているケースを考えてみましょう。会社は内部統制上この一覧を利用しておらず，監査人が実証手続のための母集団情報として会社に出力を依頼しているものとします。監査人はこの一覧からサンプルを選定し，外部証憑との突合などの実証手続を実施しています（**図表３−７**）。

　実際に発生した返品処理の件数に見合ったサンプル数を評価するためには，母集団として利用する「返品一覧」に期中に発生した返品の実績が網羅的に反映されている必要があります。したがって，監査人は「返品一覧」の網羅性に依拠している，すなわち出力処理およびシステムに保存されているデータの信頼性に依拠しているといえます。

　この例では「返品一覧」の正確性や網羅性が担保されていなくても会社の内部統制に重要な影響はありませんが，監査人は「返品一覧」を実証手続の母集団資料として利用するためにその信頼性を検証しなければなりません。検証の方法には，データ出力時のSQLの検証，データの保護に係るIT全般統制の評価，外部証憑との突合による実証的な網羅性検証など様々な選択肢がありますが，こうした監査人のみが依拠するITの機能についても漏れなく考慮してIT統制の評価手続を設計することが重要です。

● Column ●

IT監査人のウォークスルーへの参加

　財務諸表監査の実務においては，会計監査人が業務プロセスのウォークスルーを実施し，その過程で識別したITへの依拠をIT監査人に共有してIT統制の評価を依頼することが一般的です。IT監査人は「監査人の利用する専門家」（監査基準報告書620）として位置付けられ，会計監査人からのインストラクションに従ってIT統制の評価を実施することになります。

　しかしながら，特に被監査会社が整備したRCMや業務記述書においてITへの依拠（ITACやITを利用したマニュアル統制）が明示的に記載されていないような場合において，ITへの依拠の識別に抜け漏れが生じてしまうことがあります。業務部門の内部統制担当者がIT統制にも精通しているとは限らないため，RCMの記載からはITに関する情報を十分に読み取れないことは少なくありません。

　本来，監査人はRCMの記載の妥当性も含めて評価することが求められるため，ITに関する記述が不足しているのであればウォークスルーを通じて詳細を確認することが期待されます。しかしながら，会計監査人がIT統制の評価について十分な経験を有していない場合，限られた時間の中でITの論点を網羅的に拾い上げる

ことは必ずしも容易ではありません。

　したがって，ITへの依拠の識別を会計監査人，評価をIT監査人と分業するのではなく，IT監査人もウォークスルーに参加して業務プロセスへの理解を深め，会計監査人とともにITへの依拠の識別にも早期から関与することで，より精緻な監査計画の策定に貢献することが望ましいと考えられます。

3.6　情報の信頼性を支える情報処理統制

　改正監基報315では「情報処理統制」という言葉が新しく定義されました。**3.2**「なぜIT統制の評価が必要なのか」で紹介した通り，これは情報のインテグリティ（完全性）を担保する内部統制を指す用語です。監基報315実務ガイダンス第１号のＡ４では次のように説明されています。

> 　企業の統制活動における内部統制には，情報処理統制とIT全般統制が含まれます（監基報315付録３第20項）。
> 　**情報処理統制とは，情報のインテグリティ（すなわち，取引及びその他の情報（データ）の網羅性，正確性，正当性）のリスクに直接対応する，企業の情報システムにおけるITアプリケーションの情報処理又は手作業による情報処理に関連した内部統制**です（監基報315第11項（9））。
> 　また，情報処理統制は，企業の情報に関する方針が有効に適用されるための処理又は手続であり，**自動化されている場合（すなわち，ITアプリケーションに組み込まれている。）と手作業の場合（例えば，インプット又はアウトプットに係る内部統制）**があり，他の情報処理統制やIT全般統制を含む他の内部統制に依拠することがあるとされています（監基報315のＡ５項）。

（下線・太字筆者）

　情報処理統制は情報のインテグリティに係るリスクに直接対応する統制であり，インテグリティはデータの網羅性・正確性・正当性からなると説明されています（**図表3-8**）。

▶ 図表 3 - 8　情報のインテグリティ

情報のインテグリティの構成要素	概要
網羅性	データに欠損や脱漏がないこと
正確性	取引などが実態の通りに記録されていること
正当性	虚偽の情報や正規の承認を得ていない情報が含まれていないこと

　こうした考え方は決して新しいものではなくIT統制の評価の実務においてはこれまでも検討されていたものですが，監基報の改正にあたって明文化されたことでその重要性が今まで以上に強調されています。また，情報処理統制には自動化されたものと手作業のものが含まれることが明記され，いわゆる自動化統制（ITAC）のみを検証すればよいというわけではないことが示されています。

　そもそも情報システムの中で処理されるデータは，多くの場合においてシステムの中で自動的に生成されたものではなく，システムの外部から入力されています。例えば架空の取引が入力された場合，後続の処理がいかに正確であったとしても出力されたデータは信頼に足るものにはなりえません。このように，自動化された部分だけを検証する手続では情報のインテグリティの検証としては不十分であり，入力・処理・出力の全ての段階を一貫して評価することが求められます。

　これらの観点をより詳細に理解するには監基報315実務ガイダンス第1号A20の解説が参考になります。A20では被監査会社や監査人が利用するシステム出力のレポート類を念頭に解説されていますが，情報処理統制の全体像が端的に示されています。

1．企業が作成した情報
　企業が作成した情報は，監査人の利用目的に照らして「企業が内部統制において利用する情報」と「監査人が監査証拠として実証手続において利用する情報」に大別することができます。企業が作成した情報は，**元データ・ロジック・パラ**

<u>メータによって生成されており</u>，利用目的の如何を問わず，情報のインテグリティの担保が重要となります。

2．監査手続

① ITアプリケーションの理解，元データの特定

　企業が作成した情報がITアプリケーションによって作成されている場合，監査人はまず，<u>**情報がITアプリケーション内のどのデータに基づいて作成されているか**</u>という点につき理解します。

② ITアプリケーションの処理の理解・検証

　監査人は仕様書の閲覧などにより，情報の作成に関するITアプリケーションの処理機能を把握し，その<u>**ロジックが目的に照らして適切である**</u>か否かを確かめます。

③ 元データの信頼性（正確性，網羅性，正当性）

　監査人は元データと総勘定元帳や補助元帳などの数値との突合を行い，その<u>**正確性，網羅性**</u>を確かめます。また，非財務情報についても，外部証憑と突合するなど，その正確性を確かめる点にも留意します。上記の他，データの作成プロセスを理解することで，その<u>**データが承認を得た正当なデータであることを確かめること**</u>もあります。

④ 入力パラメータの正確性

　情報の作成に当たって，パラメータを手入力で設定する場合は，<u>**入力されたパラメータが目的に照らして適切である**</u>か否かを確かめます。

　上記理解を確認するためには，<u>**データのインプットから情報作成までのプロセスの再実施を行うことが有効**</u>です。また，企業が作成情報の正確性や網羅性の維持に関連する内部統制を構築している場合は，その内部統制を識別・評価します。

出典：監基報315実務ガイダンス第1号A20より引用。①〜④の項番および下線・太字筆者

　滞留債権の管理に係る内部統制を例にガイダンスの内容を整理すると**図表3-9**のようになります。内部統制で利用されるレポートである「滞留債権一覧」の信頼性を担保するためには，元となる債権情報の入力からデータの出力までのプロセス全体を通じて情報のインテグリティが保持される必要があります。

　情報はシステムに入力（Input）され，処理（Process）され，出力（Output）されて初めて有効に活用されるものであり，完全に自動化されている部分（自

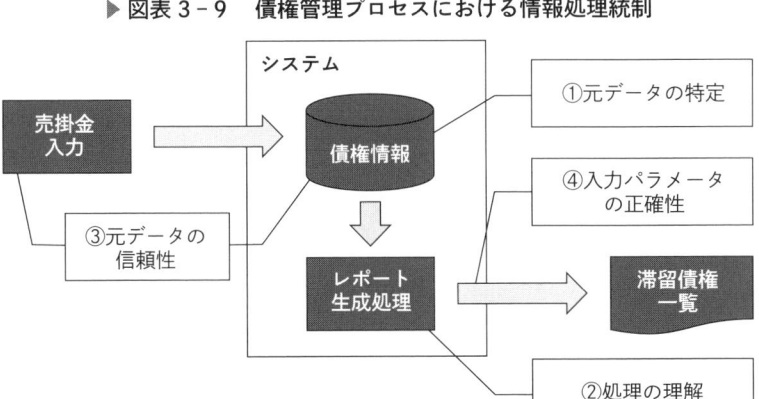

▶ 図表 3 - 9　債権管理プロセスにおける情報処理統制

動処理機能）はこのプロセス全体の一部にすぎません。情報処理統制はこのプロセス全体を包含した用語であり，入力・処理・出力の一貫した流れの信頼性を担保するための統制，すなわち元データの入力と保全，処理のロジック，データ出力時のパラメータ設定のそれぞれについて誤りが生じないようにするための統制全体を指しているといえます。

　こうした要素をもれなく検討するためには，システムへのデータ入力，システム内での処理，システム外への出力という流れを初めから最後まで正確に把握しなければなりません。したがって，情報処理統制を適切に評価するためには，会計監査人とIT監査人の双方が業務プロセスと情報処理統制の関連性を正しく理解し，情報のインテグリティが損なわれるリスクを十分に低減できるように内部統制が整備されていることを，情報処理のプロセス全体を通じて丁寧に確認することが求められます。

3.7　アサーションと評価手続

　ここまで，業務プロセスおよび監査手続におけるITへの依拠を識別し，情報のインテグリティを支える情報処理統制全体を評価するという流れを紹介しました。本節では，情報処理統制を評価する際の具体的な検証内容について解説します（処理の類型ごとの詳細な評価観点については第4章で紹介します）。

42

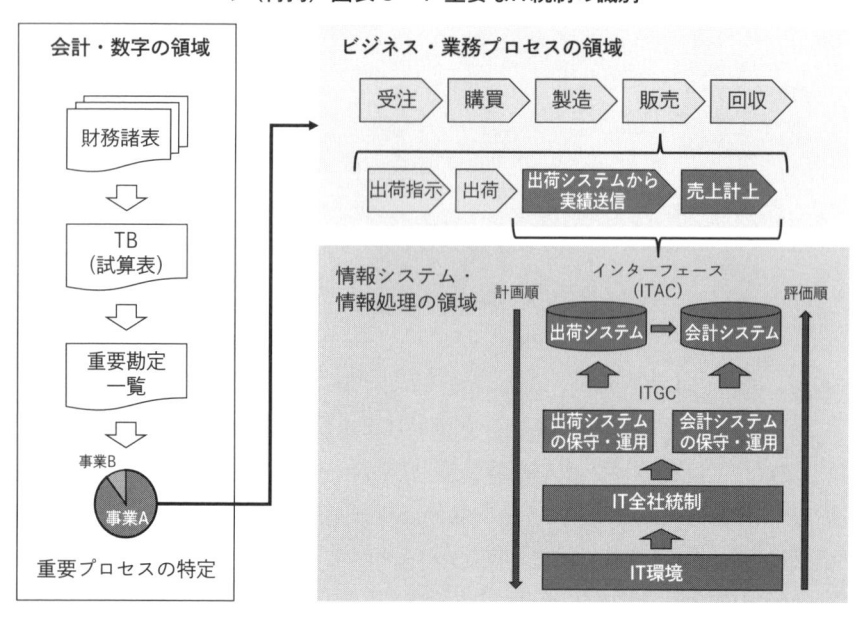

▶（再掲）図表３－４　重要なIT統制の識別

　図表３－４におけるインターフェースを例に，情報処理統制の評価に求められる観点を確認しましょう。ここでは，出荷基準で売上を計上しており，出荷実績の情報を会計システムに連携して売上を計上しているものとします。

　インターフェースを自動化統制（ITAC）として識別して内部統制の有効性を評価する際に，評価を通じて確認したい事項は何でしょうか。あるいは，インターフェースという内部統制によって低減されるリスクは何なのでしょうか。

　インターフェースの処理に期待される結果は，上流システムから下流システムに正確かつ網羅的にデータを転送することです。では，インターフェースという内部統制によって低減されるリスクは何かという問いに対する回答は，「システム間でデータが正確かつ網羅的に転送されないリスク」なのでしょうか。

　この回答が間違っているわけではありませんが，「システム間でデータが正確かつ網羅的に転送されない」というのはインターフェース処理が失敗した場合に起こる事象であり，それによって具体的に財務数値にどのような影響が出るのかがこの表現では明確になっていません。あくまで財務報告の信頼性を担

保するための内部統制であることを踏まえて，もう一歩踏み込んでリスクを検討してみましょう。

　財務報告の信頼性を支える内部統制は重要な虚偽表示が生じるリスクへの対応として導入するものですから，インターフェースをITACとして識別するのであれば，当然対応する虚偽表示リスク（固有リスク）が事前に識別されているはずです。そうであるならば，インターフェースに紐づくリスクも，期待される処理の結果からボトムアップに検討するのではなく，業務プロセスにおける処理の位置付けからトップダウンに検討することが適切であると考えられます。

　財務諸表監査において，内部統制は原則として何かしらのアサーション（監査要点）に紐付けて評価されます。JICPAのWebサイトではアサーションを次のように説明しています[16]。

　監査人が監査意見を述べるにあたっては，財務諸表の各項目，構成する要素となる取引や会計事象の正しさを確かめなければならない。その確かめるべき目標を「監査要点」といい，これに適合した十分かつ適切な監査証拠を監査手続を実施して入手する。

出典：「会計・監査用語かんたん解説集」＞「監査要点（アサーション）」より引用

　また「財務報告に係る内部統制の評価及び監査の基準」では，監査人が監査証拠を入手しなければならない監査要点の具体例として**図表3-10**に示した6つが例示されています。

　インターフェースをITAC，すなわち自動化された業務処理統制として識別するのであれば，上記のようなアサーションに関連付けて評価することになります。今回の例では，「出荷システムに記録された売上が漏れなく会計システムに連携され，適切な期の売上として計上される」という流れの一部としてインターフェースが識別されています。したがって，網羅性や期間配分の適切性が関連するアサーションであると考えられます。

16　改正監基報315（第11項（4））では，「経営者が財務諸表において明示的か否かにかかわらず提示するものであり，財務諸表が，情報の認識，測定，表示及び注記に関して適用される財務報告の枠組みに準拠して作成されていることを表すものである。監査人は，重要な虚偽表示リスクの識別，評価及び対応において，発生する可能性のある虚偽表示の種類を考慮する際にアサーションを利用する。」と説明されています。

▶ 図表 3-10　アサーションの具体例

アサーション	概要
実在性	資産および負債が実際に存在し，取引や会計事象が実際に発生していること
網羅性	計上すべき資産，負債，取引や会計事象を全て記録していること
権利と義務の帰属	計上されている資産に対する権利および負債に対する義務が企業に帰属していること
評価の妥当性	資産および負債を適切な額で計上していること
期間配分の適切性	取引や会計事象を適切な金額で記録し，収益および費用を適切な期間に配分していること
表示の妥当性	取引や会計事象を適切に表示していること

　なお，ここでいう網羅性は，前節において情報インテグリティの構成要素として紹介した「網羅性」（データに欠損や脱漏がないこと）とは異なる観点で用いられている用語であり，「全ての出荷実績が正確な金額で漏れなく会計システムに取り込まれ，売上仕訳が計上される」ことを意味しています。同じ「網羅性」という用語ではあるものの，情報のインテグリティの文脈とアサーションの文脈で意味合いが異なるため，混同しないように注意が必要です（p.47のコラム参照）。

　ここまでの内容を踏まえて，改めて「インターフェースという内部統制によって低減されるリスクは何か」という問いへの答えを考えてみましょう。財務報告への影響まで視野に入ると「会計システムに売上データを連携する過程でデータの網羅性や完全性が損なわれることで，計上される売上の網羅性や期間配分の適切性が損なわれるリスク」のように回答できるのではないでしょうか。

　このように，財務報告との関連性の中でリスクを理解することではじめて，インターフェースのテスト手続を詳細に検討できるようになります。出荷データのインターフェースを評価する一般的な手続として，例えば上流システムと下流システムのレコード件数や金額の合計を比較するといった手続が考えられますが，他にも検証すべき項目がないか検討してみましょう。

　インターフェースによって低減したいリスクが売上勘定の網羅性と期間配分の適切性が損なわれることなのであれば，その機能の検証においてもそれらの

▶ **図表３-11　インターフェースの検証項目**

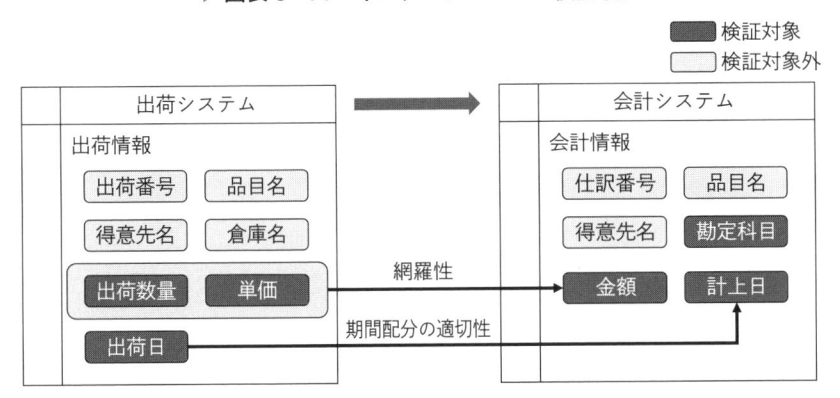

アサーションに対応するデータを利用する必要があります。レコード件数や金額の合計の比較では，網羅性は検証できるものの期間配分の適切性については心証を得ることができません。売上仕訳の期間配分の適切性を検証するためには，会計システムが売上日付として利用するデータ，すなわち出荷システムの出荷日情報が正しく連携されていることも確認する必要があります。

　また，出荷システムからのデータが他の科目ではなく売上勘定に計上される仕組みもあわせて検証が求められます。一方で，その他にもシステム間で連携されているデータがあったとしても，それらの項目が財務報告の観点から重要でないのであれば必ずしも検証する必要はないと考えられます（**図表３-11**）。

　また，前節までに紹介した，ITへの依拠を支える情報処理統制についても同様の観点で検証する必要があります。すなわち，今回の例では，出荷数量，単価，出荷日の情報をシステムに入力する際にどのような内部統制によって信頼性を担保しているのかもあわせて確認することが求められます。あるいは，財務諸表監査目的でのみITACを評価しているのであれば，外部証憑との突合などにより入力された情報（元データ）の信頼性を監査人が実証的に検証することも選択肢となります。

　このように，情報処理統制の評価は財務報告の信頼性に係るリスクに関連付けて行われなければなりません。したがって，会計監査人はIT監査人に対して，IT監査人の手続に依拠することを計画しているアサーションを正確に伝え，IT監査人が検証対象に設定しているデータ項目が計画に沿ったものになって

いることを確認することが求められます。一方でIT監査人には，仮に会計監査人から十分なインストラクションが与えられなかったとしても，自ら仮説を立てて検証対象のアサーションを設定し，会計監査人が必要とする監査証拠を入手できる手続になっていることの確認を求めることが期待されます。

　「売上データのインターフェースの検証」のような抽象度の高い依頼では，会計監査人とIT監査人で想定するアサーションに齟齬が生じることが懸念されます。両者がビジネスプロセスを正しく理解し，関連するアサーションが網羅性と期間配分の適切性であるという共通認識を持てていれば，仮に会計監査人からの依頼が金額のみに言及していたとしても，検証を始める前にIT監査人が自ら日付情報の検証要否を会計監査人に確認することで手続の不足を予防できるかもしれません。そうした共通認識を持つためにも，情報のインテグリティとアサーションの繋がりを明確にしながら，リスク認識を監査チーム全体で共有することが重要になります。

Column

「網羅性」―アサーション vs 情報のインテグリティー

本文中では，「網羅性」という用語を下記のように 2 通りに説明しました。

文脈	概要
情報のインテグリティ	データに欠損や脱漏がないこと
アサーション	計上すべき資産，負債，取引や会計事象を全て記録していること

　情報のインテグリティにおける網羅性は，アサーションとしての網羅性を支える一部の要素であるといえますが，同じ言葉で表現しているため，しばしば混同されることがあります。一見するとわかりやすい言葉だからこそ，話し手と聞き手で認識齟齬が生じないように十分な注意が必要です。

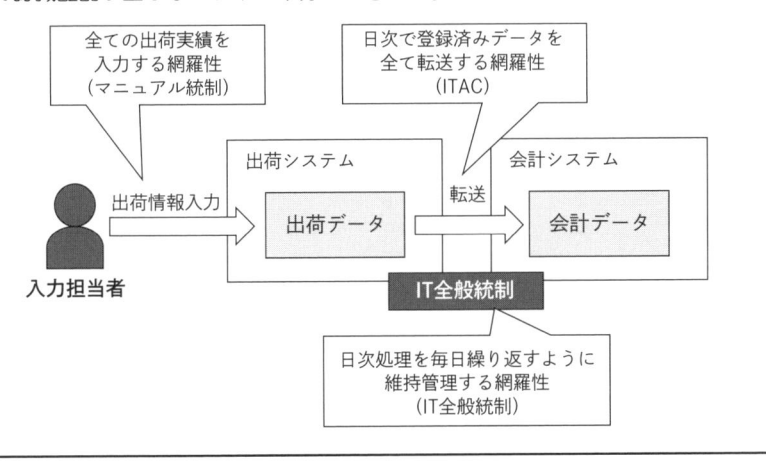

3.8　IT全般統制の評価範囲

　ここまでは業務プロセスと情報処理統制を中心に紹介してきました。本節ではIT全般統制（ITGC）について，評価対象範囲の特定に焦点をあてて紹介します（IT全般統制の具体的な評価観点については第5章で紹介します）。

　IT全般統制の評価範囲（評価対象システム）として最初に識別されるシステムは情報処理統制に関連するシステムです。**図表3−4**の例において，インターフェースに関する統制記述が「出荷システムから会計システムに，出荷情報を日次のインターフェースにより自動連係し，売上勘定に計上する」となっていたとしましょう。このとき，まず評価対象システムとして識別されるべきは出荷システムと会計システムですが，その他にIT全般統制を評価すべきシステムはないでしょうか。

　改めて統制記述を確認すると「日次のインターフェース」とありますが，処理を日次で実行する機能（ジョブの管理）はどのように行われているのでしょうか。出荷システムと会計システムがジョブも管理しているかもしれませんし，別途ジョブ管理システム（ジョブスケジューラ）を利用しているかもしれません。後者の場合，ジョブが確かに日次で実行されることを担保するために，ジョブ管理システムを評価対象に含めるべきかを検討する必要があります[17]。

　同様に，システムからレポートを出力する際に，元データを保持しているシステムから直接出力するのではなくレポーティングツールを介して出力しているような場合には，その詳細な仕組みを理解してツールに係るIT全般統制を評価する必要があるかを検討しなければなりません[18]。

　これらの例は，業務プロセスの中で識別されたITへの依拠の詳細を理解する過程で評価対象システムが追加的に識別されるケースですが，IT環境やIT

---

[17]　改正監基報315付録6の表中にて，ジョブスケジューリングに係るソフトウェアへのアクセス権について言及されています。

[18]　改正監基報315付録5第11項にて，データソースとレポーティングツール（レポートライター）の識別について言及されています。特に，レポーティングツールが元データを保持するシステムからデータを複製してレポート生成用に独自のビューテーブルを保持する仕組みになっている場合，複製されたデータと元データの一致がどのように担保されているかという点が重要な論点となります。

全般統制の理解を通じて評価対象システムが追加されるケースもあります。

　例えばIaaS（Infrastructure as a Service）を利用して仮想サーバー上に構築されたシステムであれば，管理画面へのアクセス権やSOC 1 レポートの内容など，クラウドサービス自体の管理プロセスも評価対象に含める必要があるかもしれません。また，アプリケーションアカウントの管理が人事システムやID管理システムと連携しているようなケースにおいては，IT全般統制を支えるシステムとしてそれらのシステムを評価対象に含めることを検討する必要があるでしょう。

　これらのシステムは，IT全般統制の評価に含めるべき，もしくは少なくとも含める必要があるかを検討すべきシステムであるものの，業務プロセスのウォークスルーやRCMのレビューでは往々にして識別されません。したがって，情報処理統制やIT全般統制を評価する際には，手続の過程で評価対象システムが追加される可能性があることを念頭に，柔軟に評価範囲を見直すことが重要です。

　ここまでの検討を通じて，付随的なシステムも含めて評価対象システムを特定できました。今度は各システムにおいて評価対象とするIT全般統制の具体的な範囲（評価対象プロセス）を検討します。

　各システムが財務数値に与える潜在的なリスクの範囲が異なるのであれば，評価範囲も同様に異なってきてしかるべきです。例えば，パッケージシステムであるジョブ管理ツールと自社開発した会計システムでは後者の方が大きな固有リスクを有しており，求められる内部統制も広範なものになると想定されます。あるいは，識別されている情報処理統制がジョブを全く利用していないようなシステムにおいては，そもそもジョブ管理のIT全般統制を評価対象外にできるかもしれません。同様に，アプリケーションアクセス制限の情報処理統制が識別されておらず，被監査会社も監査人もシステムによる職務分掌の実装に依拠していないシステムにおいては，アプリケーションアクセス管理のIT全般統制は評価しなくてよいかもしれません。

　また，評価対象システムの特定においてIT環境などの理解を通じて評価対象が追加されることがあるのと同様に，IT全般統制の評価を通じて評価対象プロセスが追加されることもあります。例えば，ジョブを利用する情報処理統制が業務プロセスの中で識別されていないとしても，IT全般統制の評価対象

であるバックアップ取得のプロセスがジョブによって定期的に実行されている
ようなケースでは，IT全般統制を支える統制としてジョブ管理に関するプロ
セスを評価対象に含めることを検討する必要があります。

　このように，各システムがIT全般統制の評価対象に含められた理由に応じ
て評価対象とすべきプロセスも異なります。したがって，リスク水準に見合っ
た効率的かつ実効性のある監査手続を策定するためには，財務報告の信頼性と
の関係性の中でIT全般統制に係るリスクを理解し，評価範囲を決定すること
が重要です。

3.9　IT環境とIT全社統制の理解

　IT統制の全体像を把握するには，情報処理統制やIT全般統制の基盤となる
IT環境やIT全社統制を理解する必要があります。具体的な評価観点は第6章
で確認するため，本節ではその概要を紹介します。

　改正監基報315（第11項）は，IT環境を次のように定義しています。

> 　ITアプリケーション及びそれを支援するITインフラストラクチャーをいい，IT
> プロセスやITプロセスに関わる要員も含まれる。企業は，これらを業務の支援や
> 事業戦略を達成するために利用する。

　また，「システム管理基準追補版」はIT全社統制（IT全社的統制）を次の通
りに定義しています。

> 　企業の統制が全体として有効に機能する環境を保証するためのITに関連する方
> 針と手続等，情報システムを含む内部統制。　連結グループ全体としての統制を
> 前提とするが，各社，事業拠点ごとの全体的な内部統制をさす場合もある。

　これらの定義から，IT環境の特性に起因する全社的なリスクを低減するた
めに導入される統制がIT全社統制であり，IT全社統制に求められる要素はIT
環境に応じて定まるものであると考えられます。例えば，パッケージシステム

１つのみを利用しているような会社であれば限られた人員でもシステムを運用できるかもしれませんが，多数の自社開発システムが複雑に絡み合っているような会社においては，十分な人員の確保と全社的な規程や標準運用手続の整備が不可欠です。

監基報315実務ガイダンス第１号（Ａ６）では「監査人が実施する企業のIT環境の理解の程度は，一律なものではなく，リスク評価手続における監査人の判断に基づいて，必要かつ十分な範囲と深度で実施する」と解説されており，IT環境に由来するリスクに見合った手続の実施を求められていることが読み取れます。

改正監基報315（付録５第４項）は，特にIT全般統制の評価対象として識別されたシステムに係るIT環境について，理解すべき具体的な事項を次のように例示しています。

- **自動化の範囲及びデータの利用に関する事項**
  - ・処理手続の自動化の範囲及び自動化された処理手続の複雑性
  - ・情報処理においてシステムが生成するレポートに企業が依拠する範囲
  - ・データの入力方法
  - ・ITは，内部又は外部を問わず，アプリケーション，データベース又は関連するその他のIT環境の間での情報伝達を，システム・インターフェースを通じてどのように実施するか。
  - ・会計記録又はその他の情報がデジタル形式で保存されているかどうか及び保存されたデータの場所を含む，情報システムによって処理されるデジタル形式のデータの量と複雑性
- **ITアプリケーションやIT基盤に関する事項**
  - ・アプリケーションの種類
  - ・ITアプリケーションとその基礎となるIT基盤の性質の複雑性
  - ・第三者によるホスティング又はITのアウトソーシングの有無
  - ・企業が財務報告に影響を与える新技術を利用しているかどうか。
- **ITプロセスに関する事項**
  - ・IT環境のメンテナンス担当者（セキュリティとIT環境の変更を管理するITサポート人材の数とスキルレベル）

- アクセス権を管理するプロセスの複雑性
- IT環境に対するセキュリティの複雑性。特にウェブベースの取引又は外部とのインターフェースを含む取引がある場合における，ITアプリケーション，データベース及びその他のIT環境のサイバーリスクに対する脆弱性等
- IT環境内の変更の程度（例えば，ITアプリケーションに関連するその他の環境の追加，又はITアプリケーション若しくはそれを支援するITインフラストラクチャーの著しい変更）
- 期中に重要なデータ変換があったか。IT環境の変更があった場合には，その内容と重要性及びデータ変換の有無

また，個別のシステムに限らない全社的な統制環境に焦点をあてた確認項目の例は，「財務報告に係る内部統制の評価及び監査の基準」の「財務報告に係る全社的な内部統制に関する評価項目の例」（「ITへの対応」の項）にて次のように例示されています。

- 経営者は，ITに関する適切な戦略，計画等を定めているか。
- 経営者は，内部統制を整備する際に，IT環境を適切に理解し，これを踏まえた方針を明確に示しているか。
- 経営者は，信頼性のある財務報告の作成という目的の達成に対するリスクを低減するため，手作業及びITを用いた統制の利用領域について，適切に判断しているか。
- ITを用いて統制活動を整備する際には，ITを利用することにより生じる新たなリスクが考慮されているか。
- 経営者は，ITに係る全般統制及びITに係る業務処理統制についての方針及び手続を適切に定めているか。

ITに係る戦略がビジネス戦略に即して策定されていることや，時代の流れを踏まえたIT投資計画が策定されているかを確認することは，企業がITにどれだけリソースを割き，どのようなリターンを期待しているかを理解することに繋がります。また，新しいIT技術の導入やシステム更改などの情報を早い

タイミングで入手することで，内部統制上の留意点や監査手続への影響を事前
に協議する時間を設けることも期待できます。

　情報教育やセキュリティ対策への投資の方針や，組織内における情報システ
ム部の立ち位置，ITに係る組織文化といった情報もIT環境を理解するうえで
参考になります。例えば，グループ企業においては，各社が独立した情報シス
テム部門を持っている場合と情報システム部の機能が親会社によって統括され
ている場合では，グループ全体の方針として定められた内部統制の遵守状況に
差があることが想定されます。

　IT環境やIT全社統制の評価ではこうした情報を総合的に検討してリスク水
準を分析し，IT全般統制の評価などの関連する監査手続に反映することが求
められます。

3.10　IT統制の不備への対応

　IT統制の不備について確認する前に，内部統制の不備が監査手続に与える
影響を確認しましょう。

　内部統制の設計が対応するリスクを十分に低減できるものになっていない状
況を整備状況の不備（整備不備）といい，設計に問題はないものの運用が設計
から乖離してしまうことでリスクが低減されていない状況を運用状況の不備
（運用不備）といいます。

　内部統制の不備は，本来その統制によって低減されているべきであったリス
クが期待よりも高い水準で残存していることを意味します。したがって，**図表
3-12**に示したように，内部統制の不備により高まる統制リスクへの対応とし
て，代替的な統制の識別や実証手続の拡大といった追加的な手続の実施が求め
られることになります。監査リスクを十分に低い水準に保つためには，内部統
制の不備によってどのようなリスクが残存しているのかを正確に理解し，リス
クに対応するように監査手続を策定することが重要です。

　SOX監査においては，期末日時点での内部統制の有効性を検証することが
求められています。言い換えると，期中に検知された不備について期末日まで
に改善の完了を確認できている場合には，内部統制は有効であると判断するこ

▶ 図表 3-12　内部統制の不備とリスク対応

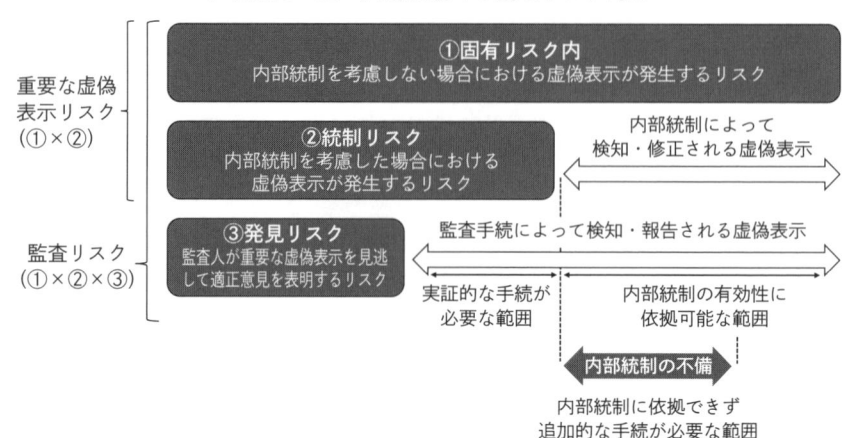

とができます。したがって，内部監査人が不備の影響範囲やリスクが顕在化する可能性を分析して開示すべき重要な不備[19]に該当するかを検討する対象は，期末日時点で不備が継続しているものに限定されます[20]。

　ただし，期末日時点で未改善であった不備が開示すべき重要な不備に該当するかどうかの判断にあたっては，不備に起因する重要な虚偽表示が実際に発生していたかどうかではなく，内部統制の不備により統制リスクが十分に低減されず，重要な虚偽表示が生じる可能性がどの程度高くなっているかを検討する必要がある点には留意が必要です。

　また，会計監査人が財務諸表監査の目的で内部統制への依拠を計画している場合，評価対象期間を通じて内部統制が有効であることを前提に実証的な手続が設計されています。したがって，期末日までに内部統制の不備が改善されていたとしても，不備が継続していた期間に対しては追加手続を実施しなければなりません。ここでの追加手続では，内部統制の不備に起因する重要な虚偽表

19　「財務報告に係る内部統制の評価及び監査に関する実施基準」（企業会計審議会）では「内部統制の開示すべき重要な不備とは，内部統制の不備のうち，一定の金額を上回る虚偽記載，又は質的に重要な虚偽記載をもたらす可能性が高いものをいう。経営者は，内部統制の不備が開示すべき重要な不備に該当するか判断する際には，金額的な面及び質的な面の双方について検討を行う。」とされています。（同基準「Ⅱ. 財務報告に係る内部統制の評価及び報告」より引用。下線筆者）

20　「財務報告に係る内部統制の評価及び監査の基準」では，開示すべき重要な不備が評価時点（期末日）までに改善されている場合，財務報告に係る内部統制は有効であると認められるとされています。

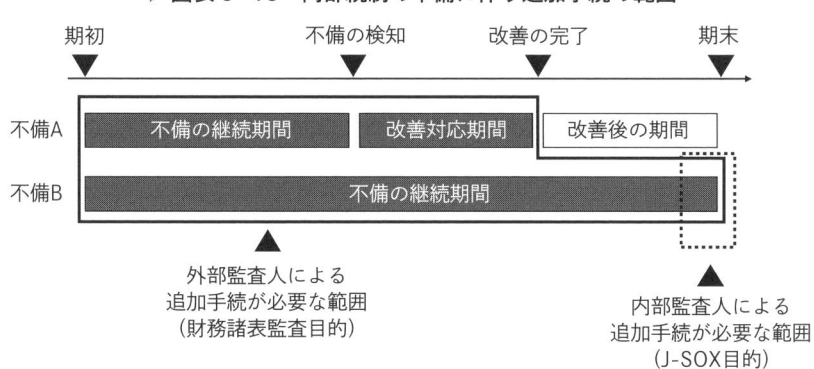

▶ 図表 3 -13　内部統制の不備に伴う追加手続の範囲

示が実際に発生していたかどうかが確認の対象となるため，外部証憑と突合するサンプルの追加やシステム上のログの詳細なレビューなどにより，内部統制の不備によって顕在化したリスク（虚偽表示の有無）を実証的に検証する手続が想定されます。

　このように，内部統制の不備が識別された場合には，内部統制監査と財務諸表監査における内部統制の位置付けの違いにより，一般に内部監査人よりも外部監査人の方がより広範な追加手続を求められることになります（**図表 3 -13**）。

　ここまでは内部統制の不備一般について紹介しました。ここからはIT統制の不備について確認しましょう。

■ 情報処理統制の不備

　情報処理統制に不備が識別された場合，その統制に紐付けられたアサーションについて追加的な心証を得るための手続が必要になります。特に，自動計算や自動仕訳のような頻繁に実行される処理に誤りがあった場合は，影響金額を正確に特定したうえで財務数値を修正することが求められると想定されます。

　情報処理統制は一般的に業務プロセスの中に組み込まれており，財務数値の信頼性に直接的な影響を与えます。したがって，IT監査人が発見した事実を正確に会計監査人に連携し，会計監査人が会計上の影響を経理部門などの関連部門に報告して必要に応じて修正を求めることになります。改善状況の確認においてもIT監査人と会計監査人が連携し，業務部門と情報システム部門の連携をサポートする役割を担うことが期待されます。特に期末日前に不備の改善

を完了することを目指す場合には，プログラムの改修なども含めたタイムラインを関係者間で調整し，改善ならびに改善確認手続のスケジュールを早急に作成する必要があります。

　また，ITへの依拠（自動化統制もしくはITを利用したマニュアル統制）について内部統制の不備が識別された場合，その不備の根本的な原因がIT全般統制の不備を示唆していないかを慎重に検討しなければなりません。例えば，自動計算処理の誤りがプログラム変更の過程で生じたものであれば変更管理プロセスにおいてなぜエラーが検知されなかったのかを検証する必要があります。あるいは，更新権限を持つべきでない人物によってパラメータが変更されていたような場合には，アクセス管理プロセスにおいてなぜ過剰な権限の付与を予防できなかったのかを検証することが求められます。

■ IT全般統制の不備

　ほとんどのIT全般統制はアサーションに直接紐付けられるものではなく，プログラムの処理の一貫性やデータの完全性の担保を通じて，情報処理統制に紐付けられたアサーションに間接的に影響を及ぼします。したがって，IT全般統制で不備が識別された場合には，不備の影響がアサーションにまで及んでいるかどうかを確かめることになります。

　例えば，データベースアカウントに過剰な権限が付与されるような不備が識別されたとしても，過剰な権限が行使された実績がないことをデータベースの操作ログなどの閲覧を通じて確認できれば，アサーションへの影響は生じていないと結論付けることができます。また，開発担当者が本番環境にアクセス可能な環境にあったとしても，プログラムのタイムスタンプや移送ログの精査によって未承認のプログラム変更が生じていないことを確認できれば，やはり財務報告の信頼性を損なうような影響は生じていないと判断できると考えられます。

　これらの例のように追加的な検証によりアサーションへの影響が生じていないことを確認できることが理想的ですが，ログの欠落などにより十分な監査証拠を入手できないこともありえます。そのような場合には，潜在的に影響を受けうる情報処理統制の全てについて，IT全般統制の不備を前提にしても依拠できるのかを個別に検討しなければなりません。依拠できないと結論付けた場

合，それらの情報処理統制に不備が識別された場合と同様に，実証手続の拡大や代替的な統制の評価によって監査リスクを低減させることが求められます。

■ IT全社統制の不備

　IT全社統制はIT全般統制よりもさらにアサーションからの距離が遠いため，不備が識別された場合の影響も広く浅いものになることが一般的です。

　例えば，情報システムの管理に係る手続きが一切定義されておらず，正式に定義されたIT全社統制やIT全般統制が存在していないという不備を考えてみましょう。この場合は，個別の情報処理統制への影響を評価するよりも，ITに依拠するという監査計画を根本から見直して実証手続に寄せることを検討する方が現実的かもしれません。

　一方で，規程類の更新が適時に行われておらず文書上の内部統制や手続きに係る記述が最新の運用を反映していない場合はどうでしょうか。こうしたケースにおいては，内部統制の運用評価を通じて統制の整備・運用状況を確認することで，影響範囲が文書更新上の問題に限定された軽微な不備であると判断できるかもしれません。

　このように，IT全社統制の不備が識別された場合には，IT全般統制や情報処理統制に与える影響の範囲や性質を分析し，その有効性に重大な影響を与えるようなものであるかを判断することが求められます。

■ IT統制の不備の報告

　監査の過程で識別されたIT統制の不備は，その重要性に応じて適切な責任者に報告されなければなりません。このとき，IT全般統制やIT全社統制の不備はアサーションとの紐付きが見えにくいため，リスクが過小評価されることのないように注意する必要があります。

　例えば，「プログラム変更管理の承認について，25サンプルのうち1件が適切な責任者による承認を受けていなかった」という報告では具体的なリスクは伝わりにくいのではないでしょうか。あるいは「プログラム変更に対する承認が網羅的になされないことで，システムに未承認の変更が加わるリスクがある」という報告の場合，リスクに言及はされているものの抽象度が高く，事前承認の必要性を周知徹底するといったような形式的な改善策に止まってしまう

かもしれません。

　報告において事実を伝えることはもちろん重要ですが，不備の根本原因の特定とそこから得られる示唆を伝えて正しいリスク認識を共有し，適切な改善策を講じるための情報を提供することこそが最も重要であり，監査人に期待される付加価値でもあります。

　先ほどのプログラム変更管理の例を用いるのであれば，根本原因が担当者交代であり新任担当者がミスをしてしまった場合と，緊急案件であれば担当者の判断で承認をスキップしてよいという暗黙のルールが存在していたという場合ではリスクは全く異なります。前者の場合は引き継ぎ体制の見直しやマニュアルの整備が改善策になるでしょうし，後者であれば緊急対応に関するルールの明確化や補完的な内部統制の導入が改善策になるでしょう。

　また，担当者交代時のオペレーションエラーや例外的な状況における標準プロセスから乖離した運用が複数のシステムで発見された場合には，評価対象システムに限らず会社全体として同様のリスクが発現しやすい状況になっていることも懸念されます。そうしたリスクへの対応として，例えば内部監査手続に担当者変更や例外手続に関するリスクへの対応を組み込むことで，財務諸表監査では評価対象に含まれていない他システムでのリスクの発現を未然に防ぐことができるかもしれません。

　このように，根本原因に応じた実効的な改善策の方向性や根本原因が示唆する潜在的なリスクの議論を促す報告をすることで，監査対応の形式化を防ぎ本質的な内部統制の向上に貢献できると考えられます。

第 **4** 章

財務諸表監査における
ITACの評価

本章では，ITACの評価における基本的な検討事項を紹介するとともに，主なITACの類型について具体例を挙げながら評価観点を整理します。具体例では，ITの機能が業務プロセスの中で果たす役割およびITの利用に付随するリスクに焦点をあて，リスクと評価観点の対応を確認します。

4.1 ITAC評価の基本観点

本節では，ITAC（自動化統制）やITを利用したマニュアル統制で利用されているITの機能を評価する際に，その処理の種類によらず確認しなければならない項目として4つの観点を紹介します。

■ 元データの信頼性

3.6「情報の信頼性を支える情報処理統制」で述べた通り，システムによって処理されるデータはほとんどが外部から入力されたものであり，入力に誤りがあれば自動処理のロジックが正しかったとしても期待する結果を得ることはできません。したがって，自動処理の対象となるデータがどのように入力・保持されているかを理解し，その信頼性を検証することが求められます。

財務諸表監査目的のみで識別されたITACや監査手続のみで利用するレポートであれば，外部証憑との突合などにより元データの信頼性を外部監査人が実証的に検証することも選択肢の1つです。一方で，SOX監査において評価対象として識別されたITACについては，元データの信頼性を支える情報処理統制が有効に整備・運用されていることをあわせて評価する必要があります。

■ 処理パターンの網羅性

統制記述のうえでは簡潔な記載になっている場合であっても，処理の詳細を追ってみると多くの分岐条件が設定されていることがあります[21]。

具体的には，売上レポートに海外売上と国内売上の両方が含まれており，国内売上は売上実績をそのままデータベースから取得して表示している一方で，海外売上は外国通貨建ての売上額と為替データをそれぞれデータベースから取得してレポーティング処理の過程で円に換算しているといったものが考えられます。このとき，レポートの作成処理を実行するプログラムは1つであったとしても，国内売上と海外売上で異なる計算処理が実行されているため，レポート全体の信頼性を確認するためには両方の処理を検証する必要があります。仮

---

[21] 分岐パターンのことを，繰り返される一貫した処理の単位として「イタレーション」（iteration）と呼ぶこともあります。

に国内売上のみを検証した場合，海外売上における為替換算の正確性については評価できていないことになります。

　このようなケースにおいては，処理のパターンごとに最低各1件の検証を行わないと十分な監査証拠を入手することができません。したがって，ITACを評価する際には処理を開始から終了まで一気通貫で理解し，分岐がある場合には全てのパターンを網羅できるように評価手続を設計することが求められます。一部の分岐を評価対象から除外する場合，その処理が財務報告の信頼性に影響を与えないものであることを慎重に確認しなければなりません。

■ 業務要件への準拠性

　ITACはあくまで業務処理統制であるため，業務目的を達成できるような処理が実装されていることが重要です。したがって，会計監査人や業務部門が理解しているITACの処理内容と，プログラムが実行している実際の処理内容が確かに一致していることも検証の中で確かめる必要があります。例えば，売掛金の滞留期間に応じて引当金を自動で計上するような処理の場合，滞留期間や引当金の割合などのパラメータは債権管理手続で定められた業務上のルールと一致していなければなりません。

　こうした検証を正確に実施するためには，IT監査人がシステムによる処理機能の理解にのみ注力するのではなく，なぜその処理が業務上必要なのかを理解し，主体的に会計監査人と連携することが求められます。

■ 期中を通じた処理の一貫性

　IT全般統制が有効である場合，ITACは各処理パターンについてサンプル1件をテストすれば一般的には十分であるとされています。これは，IT全般統制によってプログラムに不正な変更が加えられていないことが担保されており，期中を通じて一貫して同じ処理が行われていると判断できるためです。

　逆に言えば，プログラムに変更が加わり期中に処理内容が変わっている場合は1件のテストで十分とは限りません。したがって，ITACの評価においては，期末日時点におけるタイムスタンプの閲覧や本番環境への移送履歴の通査などの手続によって，期中にITACの処理を実行するプログラムが更新されていないことを確認しなければなりません。

もし変更が発生している場合は，その変更がそもそも業務要件に照らして適切な変更であったかを検証し，適切なのであれば変更の前後それぞれについてサンプル1件の評価をすることが求められます（不適切な変更なのであれば，ITACおよびIT全般統制の不備を識別してそれぞれの影響範囲を調査することになります）。

なお，業務プロセスの観点から重要な処理については変更されていないものの，プログラムの微細な改修などによってタイムスタンプが更新されているような場合には，変更内容が財務報告の信頼性に影響を与えるようなものではないことを慎重に確認することで，1件テストのみで十分であると判断することもあります。

次節以降では具体例を挙げながら評価の観点や手続を紹介しますが，本章で紹介する全ての内容が必ずしも実際の評価に当てはまるわけではありません。上記4つの基本観点を押さえることに加えて，IT監査人自身が評価対象の処理機能を正しく理解して関連するリスクを過不足なく識別し，必要十分な評価手続を策定することが重要です。

4.2　キーレポートの評価

システムから出力されたデータのうち，特に内部統制や監査手続に利用されるものをキーレポート，レポートを出力する機能のことをレポーティングと呼びます。キーレポートの評価にあたってはその出力方法が重要な論点となります。一般的に利用される出力方法は概ね**図表4−1**に示した3つに分類できます。

いずれの場合も出力処理のロジックが業務要件に照らして適切であることを確認することが求められますが，パラメータ指定型とカスタムクエリ型の場合にはパラメータやクエリの指定が手作業で行われるため，その適切性が内部統制上どのように担保されているのかを確認する必要があります。

滞留債権管理の手続を例に，キーレポートの評価手続を確認しましょう。統制内容およびITへの依拠の詳細が**図表4−2**の通りであるとします。

▶ **図表4-1　キーレポートの類型**

類型	概要
埋め込み型	システムの中にレポート出力機能が組み込まれており，出力時にパラメータなどを都度指定する必要はない形式
パラメータ指定型	システムの中にレポート出力機能が埋め込まれているが，アプリケーションが提供するパラメータ設定画面などを通じて，出力条件の詳細なパラメータを出力の都度ユーザが指定する必要がある形式
カスタムクエリ型	出力のロジックがシステムの中に埋め込まれておらず，アプリケーションが提供するロジック設定画面やデータベース言語（SQLなど）などを利用して，データベースから直接データを取得する形式

▶ **図表4-2　債権管理プロセスと売掛金年齢表**

統制記述	ITへの依拠
債権管理部門担当者は月次で売掛金年齢表を出力し，月末時点の債権について滞留状況を確認し，必要に応じて詳細を調査する。同部門長は調査結果をレビューし，承認する。	売掛金年齢表（キーレポート） 得意先マスタおよび売掛金管理テーブルからデータを取得し，ユーザが指定した時点を基準日として，得意先ごとの売掛金額を滞留期間別に集計する。

ITへの依拠に係るリスク

売掛金年齢表に出力される滞留情報（滞留期間と滞留金額）が不正確であること，もしくは売掛金残高のある得意先が網羅的に出力されないことにより，月次の滞留債権モニタリングに必要な情報を提供できないリスク。

売掛金年齢表
基準日：yyyymmdd
出力日：yyyymmdd

										責任者	担当者

得意先ID	得意先名	残高合計	1カ月以内	1カ月以上2カ月未満	2カ月以上3カ月未満	3カ月以上4カ月未満	4カ月以上5カ月未満	5カ月以上6カ月未満	6カ月以上	詳細
10001	株式会社A	45,000	10,000		15,000		20,000			
10002	株式会社B	100,000		10,000		15,000		25,000	50,000	
10003	株式会社C	40,000	30,000			10,000				
10004	株式会社D	45,000			25,000				20,000	

　IT監査人は仕様書の閲覧や情報システム部などへのヒアリングによって処理の詳細を特定し，元データが格納されているテーブルやレポートで利用されるカラムおよび集計処理のロジックを具体的に把握し，監査調書に文書化することが求められます。

　こうした詳細の理解に基づいて監査手続を策定するにあたって，前節で紹介した処理パターンの網羅性に留意しなければなりません。**図表4-2**の売掛金年齢表では滞留期間の区分が7通りあるため，原則としてはその全てを検証できるような手続が求められます[22]。例示した表であれば，株式会社AとBを評価対象とすることで全てのパターンを網羅することができますが，特定の期間に該当する債権が存在せず実際のデータに基づいて検証できないパターンが存在するような場合には代替的な手続の実施を検討することになります（**4.9**「本番環境の情報を利用できない場合の評価」参照）。

　一般的にレポート生成機能（レポーティング機能）の評価においては，レポートの網羅性および正確性を検証することが求められます。売掛金年齢表の例では，売掛金残高がある全ての会社がレポートに出力されていること，各期間区分の金額表示が正しいことが確認の対象となります。

　具体的な手順としては，システムのデータベースからアプリケーションを介して取得したデータ（キーレポート）とアプリケーション機能を介さずに取得したデータ（検証用データ）を比較することで，アプリケーションに実装されている機能を検証することになります。業務要件を満たすように指定した条件でデータベースから直接取得した検証用データと，検証対象のプログラムによって生成されたレポートの内容が一致していることを確認できれば，レポート生成機能は業務要件を満たすように設計され機能していると判断できます。

　図表4-2のレポートであれば，基準日時点で入金が完了していない売掛金を全て出力して得意先・滞留期間ごとに集計した情報を検証用データとして利用することが考えられます。なお，監査手続としては，検証用データが監査人の指定した条件で出力されていることもあわせて確認することが求められるた

---

[22]　内部統制で利用されていないカラム（データ）については検証対象から除外できる可能性があります。例えば，図表4-2の「残高合計」列に合計金額の情報が表示されていますが，内部統制のデザインとして合計金額を参照せずに滞留期間ごとの金額のみを利用している場合，キーレポートの評価において「残高合計」列の正確性を検証対象外とすることが考えられます。

め，データと出力条件をあわせて取得することが重要になります。

　ここまで述べてきたレポート生成機能の評価手続を整理すると，**図表4-3**のようになります（自動処理の評価に焦点をあてているため，基礎データの信頼性の検証と後述するパラメータ設定の検証は省略しています）。

　例示した売掛金年齢表はパラメータ指定型のキーレポートであり，ユーザが都度手動でパラメータ（基準日）を設定しています。したがって，ITを利用したマニュアル統制全体の有効性を評価するためには，自動処理の機能を検証するのみでは不十分であり，月次でレポートを出力する際にパラメータが正しく設定されるように内部統制が整備・運用されていることも評価する必要があります。なお，手作業でのパラメータ指定であるため，サンプル数はマニュアル統制の評価におけるサンプル数に従うことになります。

　今回の例の場合，指定したパラメータ（基準日）もあわせてレポート上に出力される仕様であるため，指定したパラメータが正しくレポートに表示される

▶**図表4-3　売掛金年齢表の評価**

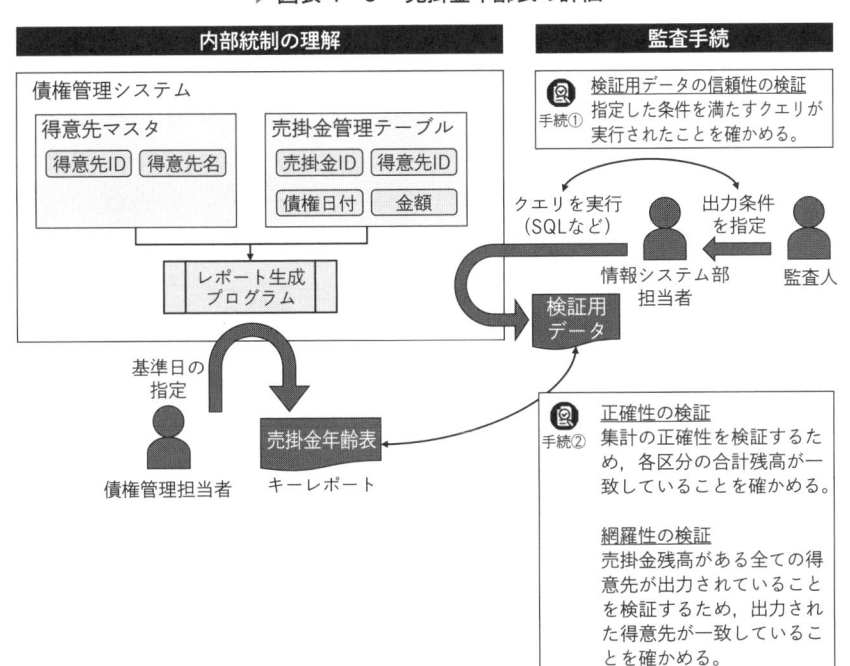

機能になっていることを検証したうえで，レポート上の「基準日」の閲覧によりパラメータ設定が適切であったことを事後的に検証することができます。一方で，レポート上で指定したパラメータを確認できないようなケースにおいては，出力毎に出力条件を確認できるスクリーンショットなどを取得し，責任者がレポートをレビューする際に条件の適切性もあわせて確認するなどの対応が求められます。内部統制のデザインとしてシステム出力の情報の正確性に依拠している以上，情報を利用する際にその信頼性を検証する仕組みも内部統制に組み込むことが重要になります。

また，レポート出力後の改ざんリスクについても検討が必要です。例えば，営業担当者が債権管理レポートを出力している場合，レポートを改ざんして滞留債権を隠ぺいする動機を持っているかもしれません。レポート出力担当者をモニタリング対象の業務に責任を負わない人物にするなどの職務分掌の確立や，事後的な改ざんが困難な形式でレポートを出力する[23]などの仕組みを内部統制として導入することが求められます。

なお，内部統制には利用されておらず監査人のみが母集団資料などとして利用するレポートについては，**図表4-3**における「検証用データの信頼性」の観点のみから出力処理を確認することになります。ただし，この場合であっても，抽出元テーブルが妥当であることの確認や元データの信頼性の検証が必要であることに変わりはありません。

---

23 csvなどのテキストデータに比べ，PDF形式で出力されたデータは比較的改ざんされにくいと考えられます。一方で，近年はPDFファイルを直接編集するツールも多数存在しているため，担当者レベルでの職務分掌が成立していない場合にはレビュー責任者自身がレポートを再度出力してレポートの信頼性を検証するなど，改ざんリスクへの追加的な対応が必要になる可能性があります。

4.3　自動計算の評価

　入力されたデータを利用してシステムが新しい値を自動で求める処理を自動計算と呼びます。自動計算では処理の正確性が検証の対象となりますが，四則演算などの処理そのものにエラーが生じるリスクは一般的にはあまり高くありません。したがって，正確性の検証においては，計算のロジックと業務要件の整合性や計算に利用されるパラメータの設定が重要な論点となります。

　自動計算における計算式は，概ね**図表 4 - 4**に示した 3 つに分類できます。

▶ **図表 4 - 4　自動計算の類型**

類型	概要
基本型	入力されたトランザクションデータのみを利用するような形式 例：合計金額＝金額×数量
固定定数型	入力データを用いた演算に，一律な既定値を用いて追加の演算を行う形式 例：税込み金額＝金額×数量×消費税率
条件分岐定数型	入力データを用いた演算に，条件に応じた既定値を用いて追加の演算を行う形式 例：滞留在庫額（ 6 ヵ月）＝金額×数量×80％ 　　滞留在庫額（ 1 年超）＝金額×数量×50％

　固定定数型や条件分岐定数型においては，利用される定数がコード上に埋め込まれているケースやデータベース内のパラメータ管理用テーブルに格納されている場合があるため，値の取得元を正確に把握することが重要です。

　また，計算処理が実行されるタイミングについても確認が必要です。例えば，合計金額を求めるような処理はデータが入力される都度自動で実行されることが一般的ですが，滞留在庫の評価額を自動更新するような処理は定期的に実行されることが想定されます。その場合は，自動計算を実行するトリガーがどのように管理されているのかを理解し，ジョブによる実行なのであればスケジューリングが業務要件に照らして適切であることも検証項目に含めることが求められます。

　滞留商品の評価額を自動計算する処理を例に，自動計算の評価手続を確認しましょう。統制内容およびITへの依拠の詳細が**図表4-5**の通りであるとします。

▶ **図表4-5　滞留商品の自動評価**

統制記述	ITへの依拠
滞留商品の評価はシステムにより月次の頻度で自動的に実行される。評価減は，滞留期間に応じて「棚卸資産評価基準」に定める割合で実施する。 【棚卸資産評価基準】 ・滞留3ヵ月以上：30％評価減 ・滞留6ヵ月以上：50％評価減 ・滞留1年以上　：80％評価減	滞留商品評価減（自動計算） 月次ジョブにより毎月最終営業日の夜間に評価額を更新する。商品ならびに滞留期間の情報は在庫テーブルから取得し，評価減の割合は「滞留区分」をキーとして評価基準テーブルから取得する。
ITへの依拠に係るリスク	
月次の評価額更新処理が実行されないこと，もしくは評価額更新処理の計算式やパラメータが業務要件と整合しないことにより，「棚卸資産評価基準」に則って滞留商品を評価できないリスク。	

　IT監査人は仕様書の閲覧や情報システム部などへのヒアリングによって，計算式および利用されるデータやパラメータが格納されているテーブルを特定し，監査調書に文書化することが求められます。また，パラメータ設定の妥当性を検証するためには，「棚卸資産評価基準」を事前に確認し，業務要件を明確にしておかなければなりません。

　加えて，自動計算がジョブにより定期的に実行されているため，評価額更新処理を実行するプログラムを起動するジョブを特定し，確かに毎月最終営業日に処理が実行されるようスケジューリングされていることも確認する必要があります。

　これらの観点を検証することを前提に，自動計算機能の評価手続の詳細を確認しましょう。プロセスの理解と監査手続を整理すると**図表4-6**のようになります。

　まず，システムから出力した「評価基準テーブル」の情報と「棚卸資産評価基準」を比較し，滞留期間と評価減率の対応が基準の通りにシステムに登録さ

▶ **図表４－６　自動計算の評価**

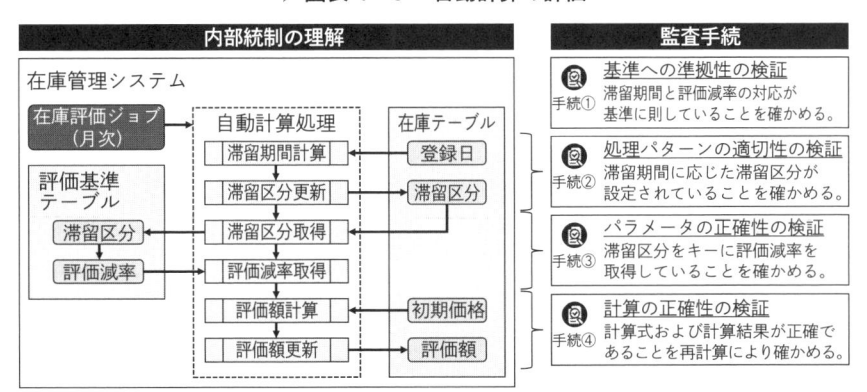

れていることを確認することが求められます。なお，システム出力の情報（こ
こでは「評価基準テーブル」から出力したデータ）を利用するにあたっては，
出力条件を確認して本番環境の適切なテーブルから情報が抽出されていること
や過剰な除外条件が付されていないことを確かめる必要がある点は，**4.2**「キー
レポートの評価」で紹介した「検証用データの信頼性の検証」と同様です（以
降，全てのシステム出力の情報について同様です）。

　次に，検証範囲に不足が生じないように処理パターン（イタレーション）を
特定します。今回の例では評価減を計上しない場合も含めて処理パターンが４
通りありますが，システム上の処理においてどの段階で分岐が生じているのか
を正しく把握する必要があります。**図表４－６**に示したプロセスにおいてパ
ターンが分岐するのは滞留期間に応じて滞留区分を割り当てる処理であり，そ
れ以降は各処理や計算式に代入されるパラメータこそ異なるものの，システム
が実行する処理は同じであることがわかります。したがって，処理実行日と登
録日の情報から滞留期間が正しく計算され，その結果に応じた滞留区分が割り
当てられていることを全ての滞留区分について確認することが求められます。
言い換えると，滞留区分を割り当てる処理で全てのイタレーションを網羅的に
検証すれば，以降のプロセスについては１つの滞留区分についての検証のみで
自動処理の正確性に係る十分な監査証拠を入手できると考えられます。

　分岐以降のプロセスについては，更新された滞留区分に対応する評価減率が
「評価基準テーブル」から取得されていること，計算式が妥当であること，四

則演算が正確であることを検証する必要があります。実際に適用された評価減率をログなどから確認できるのであれば閲覧による検証も可能ですが，計算結果である評価額以外の情報が記録されていないケースも珍しくありません。また，計算式についても，ソースコード上で対応する計算式を確認することも可能ではありますが，コードと処理の対応を正確に把握することは必ずしも容易ではありません。

　このように入手可能な情報に制約がある場合は，システムに記録されている評価額（自動処理による計算結果）と監査人が独自に再計算した計算結果の一致を確認する再実施の手続による検証が有効です。業務要件に照らして考えれば，あるべき計算式は「評価額＝初期価格×（１－評価減率）」ですから，これにサンプルとして選択した商品の初期価格，滞留期間に対応する評価減率を代入することであるべき評価額を求めることができます。導出された値がシステム上の評価額と一致していれば，プロセスの理解の過程で入手した仕様書などの監査証拠とあわせて，確かに監査人が想定した通りのロジックで自動計算処理が実行されていたという心証を得ることができます。

4.4　コンフィグレーションの評価

　システム上の設定値をコンフィグレーションと呼びます。例えば，パッケージシステムにおいて在庫管理の方法として「先入先出法」と「移動平均法」を選択できるとき，この設定は棚卸資産の管理における重要なコンフィグレーションであるといえます。また，IT全般統制においてパスワードポリシーの設定によりパスワードの強度を一元的に管理している場合，これも重要なコンフィグレーションの１つであるといえます。

　ITACとしてのコンフィグレーションの評価では，選択可能な設定値のそれぞれの内容を理解し，業務要件に合致するものが設定されていることを確認することが求められます。また，カスタマイズシステムの場合には，選択された設定値に紐付けられた処理の信頼性もあわせて検証する必要があるでしょう。先ほどの例であれば，「移動平均法」が選択されていることだけでなく，移動平均の処理（自動計算）自体も評価することになります。

　一方で，一般に広く利用されているパッケージシステムの標準機能を利用しているような場合，設定値のみの確認で十分と判断することも考えられます。例えば，Active Directoryのパスワードポリシーで最低桁数が12桁と設定されているときに，11桁のパスワードがシステムによって拒絶されることの検証は必ずしも求められません。何をもって「広く一般に利用されている」とするかという明確な基準やガイドラインは存在しないため，リスクと監査手続に係る工数の費用対効果およびシステムの特性を考慮して，IT監査人自身の判断のもとに評価範囲を決定することになります。

　また，アプリケーションレイヤから変更可能なコンフィグレーションについては，プログラムタイムスタンプや移送履歴の閲覧によって期中の変更有無を検証することができないため，期中を通じて変更が生じていないことを確認する代替的な手続の実施が求められます。

　アプリケーションの機能として最終更新日を確認できる場合やアプリケーションの操作ログにより変更履歴を確認できる場合は，それらの閲覧により期中の変更有無を確認できます。一方で，変更履歴やログを利用できない場合には，前期末・期中・期末の三時点の実際の設定値を比較し，いずれの時点においても業務要件に則した値が変わらず設定されていることを確認することで，少なくとも期首，期中の一時点，期末においては設定が適切であったことを検証できます。

　また，期中に変更が生じていないことを支持する内部統制として，コンフィグレーションの更新権限を保持するアカウントが限定されていること（アプリケーションアクセス制限）をあわせて検証することも考えられます。設定値を変更する動機を持つユーザに対して更新権限が付与されていないことをもって，設定状況を直接確認した前述の三時点以外のタイミングにおいてもコンフィグレーションが変更されていないことの間接的な心証を得ることができます。

　なお，SOX監査においては，監査人が変更履歴などから実証的に変更有無を確認するだけではなく，適切な承認プロセスを経ずにコンフィグレーションが変更されるリスクが内部統制によって低減されていることの確認が求められます。したがって，SOX上重要なコンフィグレーションについては，変更履歴などの取得可否によらず，更新権限に係るアプリケーションアクセス制限の内部統制を識別する必要性を検討しなければなりません。

4.5 ワークフローの評価

　業務プロセスにおける申請と承認のプロセスがシステム上で管理されているとき，申請者に応じて承認者が自動で割り当てられるような機能をワークフローと呼びます。

　ワークフローの導入により，システム上で申請・承認・記録のプロセスを完結させ，正規の承認プロセスを経ていないデータの登録を予防することが可能になります。言い換えると，ワークフローを内部統制として導入することで，担当者が承認プロセスをバイパスしてシステムに直接データを入力するリスクを低減することが期待されます（**図表4-7**・**4-8**）。

▶ **図表4-7　承認プロセスのバイパス**

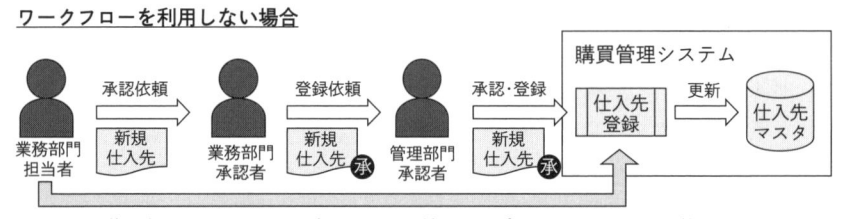

▶ **図表4-8　ワークフローによる承認プロセスの制御**

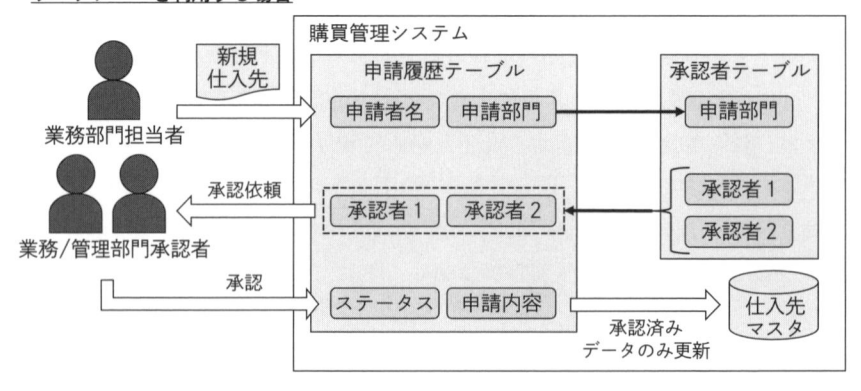

　なお，チケット管理ツールのように申請・承認のみをワークフローで管理しており，システムへのデータ入力と連動していないような場合，申請者と承認者の組合せの妥当性が担保されることはワークフローの機能に期待できますが，承認プロセスがバイパスされるリスクは必ずしも低減されません。同様に，ワークフローとデータ入力が連動していたとしても，ワークフローを経由せずにユーザがデータを直接入力する手段があれば承認プロセスがバイパスされるリスクが残存してしまいます。

　したがって，ワークフローをITへの依拠として識別する際には，処理機能と保護対象のデータへのアクセスルートを正確に把握することが重要になります。仮にワークフローの回避を可能にする方法がアプリケーションの機能として存在する場合，アプリケーションアクセス制限などの内部統制を識別し，バイパスルートが利用されないように対策が講じられていることをあわせて検証する必要があります（アプリケーションを介さずにデータベースを直接更新されるリスクについては，通常IT全般統制のなかで対応することになります）。

　また，ワークフローが提供する機能は事前定義された承認プロセスに従ってステータスを管理するものであり，承認が妥当であったのか（本当に承認してよい内容であったのか）という点は担保されません。したがって，キーレポートの評価における出力パラメータの設定をマニュアル統制として評価する必要があったのと同様に，承認の妥当性についてはマニュアル統制として別途評価することが求められます。

　ワークフロー機能の評価にあたっては，職務権限規程などに定められた承認プロセスの分岐パターンとシステム上で設定された分岐パターンが一致していることを確認します。また，事前に設定された承認者以外のユーザがシステム上で承認処理を実行できないこと，承認済みの情報のみがシステムに登録される仕組みとなっていることをあわせて確認する必要があります。

　図表 4 - 8 を例に，ワークフローの具体的な評価手続を確認しましょう。統制内容およびITへの依拠の詳細が**図表 4 - 9** の通りであるとします。

▶ 図表 4 - 9　ワークフローを用いたマスタ更新

統制記述	ITへの依拠
仕入先マスタを更新する際は，購買管理システム上のワークフロー機能を利用する。申請者は申請情報をシステムに入力し，関連証憑を添付して申請処理を行う。システムは申請者の所属部門に応じた承認者を自動で割り当て，承認依頼を通知する。全ての承認が完了すると，申請情報に従って仕入先マスタが自動的に更新される。	仕入先マスタの更新（ワークフロー） システムは申請者の所属部門情報をキーに「承認者テーブル」から事前定義された承認者を自動で取得する。下位の承認者から順に承認依頼を通知し，全ての承認が完了するとステータスを「承認済み」に自動で更新する。ステータスが「承認済み」となったデータは，仕入先マスタへ自動的に反映される。
ITへの依拠に係るリスク	
承認者テーブルにおける申請部門と承認者の対応が職務権限規程と一致していない，もしくは「承認者テーブル」に設定された承認者以外のユーザが承認処理を実行可能であることにより，正規の承認プロセスを経ずに仕入先マスタが更新されるリスク。	

　承認者を定義するキーが申請者の所属部門情報であるため，誤った所属情報で申請が起票されると承認者も適切に設定されなくなります。したがって，所属部門情報がどのように取得されているかを理解することが重要です。一般的には，申請者が申請画面上でプルダウンメニューから選択するなどの手作業の入力か，あるいはワークフローシステムの認証情報に基づいて人事管理システムなどから自動で取得していることが想定されます。

　いずれの場合においても，所属情報が正しく指定されることがどのように担保されるか（予防的統制），あるいは仮に誤った情報が指定された場合でも承認者が誤りを検知して申請を差し戻せるようになっているか（発見的統制）を確認する必要があります。承認処理の過程で申請者の所属情報もあわせてレビューされている場合は必ずしも所属情報の信頼性に係る追加的な検証は求められませんが，設定された所属情報の信頼性に依拠して後続の承認プロセスが進む統制のデザインとなっている場合は所属情報を設定するプロセスを検証対象に含めることが求められます。具体的には，誤った所属情報を検知する仕組みや，人事管理システムなどから所属情報を自動取得する処理の信頼性を評価するといった対応が考えられます。

　次に，承認者テーブルの登録内容が職務権限規程に則っていることを確認します。また，人事異動などにより承認者が交代している場合には，ワークフロー上の承認者も適時に更新されていたことを確認する必要があります。前者については承認者テーブル，後者については人事発令履歴とワークフローの変更履歴の閲覧といった手続が想定されます。承認者テーブルからデータを直接取得して評価できるのはある一時点における登録状況のみであるため，期中を通じた適切性を評価するためには，変更履歴や最終更新日を期末日以降に改めて確認しなければなりません。変更履歴などによる実証的な検証ができない場合には，**4.4**「コンフィグレーションの評価」で紹介した通り，承認者テーブル更新権限についてアプリケーションアクセス制限の内部統制を評価することで，期中を通じて未承認の変更が生じていないことの間接的な心証を得ることも一案となります。

　なお，SOX監査においては内部統制のデザインの観点からアクセス制限を識別しなければならない可能性がある点についてもコンフィグレーションと同様です。特に，申請権限保持者が承認者テーブルの更新権限を保持してしまうと，自己承認や特定の承認者との共謀により内部統制が無効化されるリスクが生じます。自己承認や共謀をアクセス制限によって予防するためには，申請権限・承認権限・システム権限（承認者テーブルやアカウントのメンテナンス権限）の3つについて，2つ以上の権限を同一ユーザに付与しないといった内部統制（権限コンフリクト）が考えられます。

　続いて，承認画面の観察などにより，承認者テーブルに従って指定された承認者のユーザアカウントからのみ承認処理が実行可能であることを確認します。このとき，ユーザアカウントが複数の人物により共有されている場合や，パスワードが脆弱であり本来の利用者以外によるアクセスが生じるリスクがある場合には承認者の適切性を担保できないことが懸念されます。したがって，前述した承認者テーブル更新権限についてアプリケーションアクセス制限の内部統制を評価対象として識別していない場合であっても，個人別にユーザアカウントが付与されていることや十分な強度を持つパスワードが設定されていることをIT全般統制として評価しなければならないことに留意が必要です[24]。

　最後に，承認された申請が正確かつ網羅的に仕入先マスタに反映されていること，登録されている情報が全てワークフロー上で承認されたものであること

を申請履歴と仕入先マスタの比較などにより確認します。承認プロセスを強制するという観点からは，特に後者の手続が重要になります[25]。

4.6 アプリケーションアクセス制限の評価

アプリケーションのある機能について，業務分掌上認められた一部のユーザにのみアクセスを許可するようにユーザアカウントに付与する権限を制限することを，アプリケーションアクセス制限と呼びます。アプリケーションアクセス制限は概ね次の2つの類型に分類できます。

類型	概要
アクセス制限	業務上の必要性があるユーザにのみ，システム上での操作権限を付与する。 例：ユーザアカウントのメンテナンス権限は情報システム部にのみ付与する。
権限コンフリクト	職務分掌が求められる処理の操作権限を同一のユーザアカウントに付与しない。 例：1つのユーザアカウントに，仕訳の起票権限と承認権限を同時に付与してはならない。

なお，OSやデータベース（以下，インフラレイヤ）においてもアクセス制限の内部統制は重要ですが，システムの保守運用と業務部門が分離されているような場合においては，関連するリスクに鑑みて，インフラレイヤのアクセス

---

24 承認者テーブルの設定内容と変更履歴の閲覧によって承認者の設定が評価対象期間を通じて適切であったことを確認できたとしても，なりすましによるログインが発生している場合，システム上で「承認者」として表示されているアカウントを利用した人物が，確かに正規のユーザである承認者であったかを確認することができません。したがって，なりすましによる権限の不正な行使に係るリスクに対応するIT全般統制の評価が必要になります。

25 ワークフローをバイパスして仕入先マスタを更新できない仕組みであることが確認されているのであれば，「登録済みの情報は全て承認済みである」という命題の対偶である「未承認の情報は登録されていない」ことを検証することも有効です。前者の場合は仕入先マスタ上のデータが承認済みであることを，後者の場合は申請履歴上の未承認データ（承認待ちデータ）が仕入先マスタに登録されていないこと確認する手続が想定されます。

制限の設定状況はIT全般統制の一部として，アプリケーションレイヤのアクセス制限の設定状況は業務処理統制の一部（ITAC）として評価することが一般的です（アカウントの登録・変更・削除などのプロセスはどちらもIT全般統制の中で評価します）。

　アプリケーションアクセス権の管理においては，業務上の役割をシステム上の権限に正確に反映させることが重要です。すなわち，業務プロセス上一部の人物のみに認められている行為があり，それをシステム上で実行するための操作が特定され，その操作の実行権限を特定のユーザアカウントにのみ付与することではじめて，業務要件に沿ったアクセス制限が可能になります。以降，内部統制の観点から重要な行為（仕訳の承認など）をシステム上で実行するための権限を総称して「重要権限」と呼ぶことにします。

　また，業務プロセスの理解の過程で重要権限が識別されていない場合でも，ITへの依拠の評価を通じて重要権限が識別されることがあります[26]。前節までに紹介したように，重要なコンフィグレーションやワークフロー機能がITへの依拠として識別されている場合には，年間を通じた処理の一貫性を保つための内部統制として，設定値の更新権限が重要権限であるとみなされる可能性があります。

　アクセス制限の評価においては，内部統制の観点から重要な操作に紐づくシステム上の重要権限を網羅的に把握し，それらの権限が付与されているアカウントが業務分掌に鑑みて適切であることを確認することが求められます。実務においては，重要な操作の特定ならびに重要権限を付与されたアカウントのユーザが権限を保持することの妥当性の評価を会計監査人（業務プロセス担当チーム）が，重要権限の特定ならびに権限を付与されたアカウントの特定をIT監査人（ITプロセス担当チーム）が担当するような分担がよく見られます。評価範囲を分担している場合，各監査人が重要と判断した操作や権限の理解に齟齬が生じないよう密に連携することが重要です。

　重要権限を保持するアカウントを過不足なく特定するためには，システムの

---

[26]　アプリケーションアクセス制限がキーコントロールとなることにより，自動的にアプリケーションアカウントのメンテナンス権限がアプリケーションレベルの高権限として識別されます。高権限も重要権限の一部ですが，業務プロセス上の権限ではなくシステムの保守・運用上の権限であることから，IT全般統制の中でその付与状況を評価することが一般的です。

▶ 図表 4 -10　単純な権限構成の例

ユーザID	ユーザ名	権限メニュー							
		仕訳参照	仕訳起票	仕訳承認	得意先参照	得意先更新	アカウント参照	アカウント更新	システム権限
1001	User A			○					
1002	User B		○						
1003	User C		○						
1004	User D					○			
1005	User E	○			○		○		
1006	User F							○	
admin	admin								○

権限構成を正確に理解することが不可欠です。 1 つの操作に 1 つの権限が紐づいているような単純な権限構成のシステムであれば重要権限は比較的容易に特定できます。図表 4 -10のようにユーザアカウントと操作権限を直接結びつけて管理しているようなシステムの場合は，重要権限の特定が完了すれば権限を付与されたユーザアカウントも自ら特定されます。

　一方で，SAPのような複雑な権限構成を持つシステムでは重要権限を特定する難易度は高くなります。図表 4 -11はSAPにおける権限構成を表していますが，ユーザアカウントと権限が直接紐づいておらず，ロールやプロファイルを介して権限が付与されていることがわかります。ロールやプロファイルは複数の権限を束ねて管理し，同一の業務を担当するユーザに同一の権限を付与するために利用されます。例えば仕訳の起票を担当するユーザには「経理_起票者」ロール，承認を担当するユーザには「経理_承認者」ロールを付与するといった運用が考えられます。

　このような権限構造のシステムにおいて重要権限を保持するユーザアカウントを特定するためには，重要権限を構成する権限オブジェクトや権限項目とその値を特定し，それらに紐づくロールやプロファイルを全て洗い出す必要があります。また，ロールやプロファイルに紐付けられた権限の詳細が変更されると，それらを付与されたアカウント全ての権限が変更されることになります。

▶ 図表 4 -11　複雑な権限構成の例

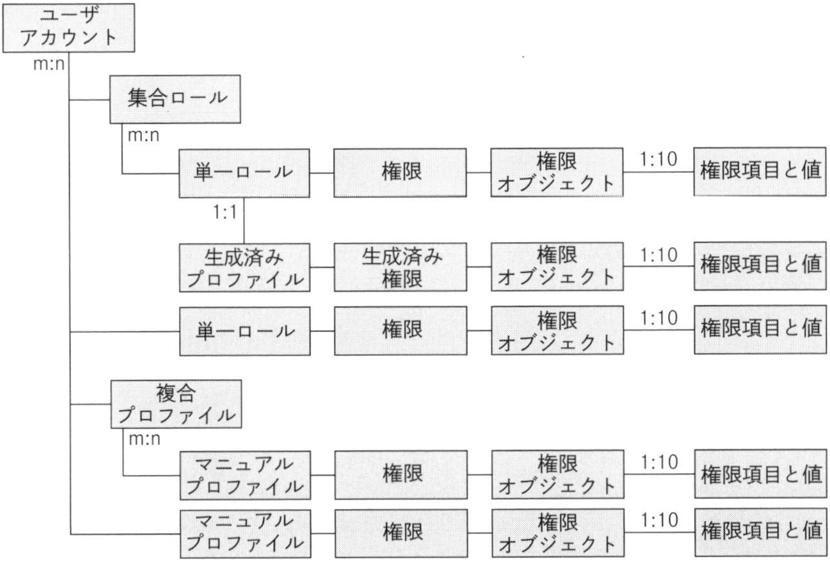

出典：SAP Help Portal「SAP権限コンセプト」より引用

したがって，ロールやプロファイルに対する変更管理プロセスもIT全般統制
（アクセス管理プロセス）の評価項目に含める必要があります。

　ここまでの内容を踏まえて，仕訳の承認に関するアクセス制限を例に具体的
な評価手続を確認しましょう。統制内容およびITへの依拠の詳細が**図表 4 -12**
の通りであるとします。

▶ 図表 4-12　仕訳の承認に係るアプリケーションアクセス制限

統制記述	ITへの依拠
会計システムにおける仕訳起票権限は経理部門担当者にのみ付与される。起票された仕訳は承認待ちのステータスで記録され，システム上で承認されると総勘定元帳に転記される。仕訳承認権限は経理責任者および正式に権限委譲を受けた担当者にのみ付与される。なお，仕訳の自己承認は認められない。	仕訳承認権限（アクセス制限） 経理部門責任者には「経理_承認」ロールを割り当てることで承認権限を付与している。自己承認を予防するため，起票権限を付与する「経理_一般」ロールは責任者には付与しない。 仕訳の起票，承認に係るアクセス制限は権限オブジェクト「会計伝票メニュー」と「伝票更新権限」の設定値により制御されている。「伝票更新権限」には「参照」「起票」「承認」のいずれかが設定される。
ITへの依拠に係るリスク	
仕訳起票権限および承認権限が業務分掌上認められている範囲を超えて付与されることにより，正規の承認プロセスを経ていない不正な仕訳が会計システムに登録されるリスク。	

　アプリケーションアクセス制限の評価に焦点をあてるため，起票された仕訳が承認待ちステータスで記録されることは会計伝票メニューの観察などにより確認済みであるとします。また，経理担当者以外により起票された仕訳は責任者により差し戻されることから，ITへの依拠は「承認権限」へのアクセス制限および「起票権限と承認権限」の権限コンフリクトであるものとします。

　重要権限を網羅的に特定するために，まず権限オブジェクト「会計伝票メニュー」を付与されていない，もしくは権限オブジェクトは付与されているものの「起票」または「承認」の伝票更新権限が付与されていないアカウントが，確かに仕訳の起票や承認を行えないことを確認する必要があります。

　具体的には，これらの権限が付与されていないアカウントを母集団として，十分な数のサンプルについて仕訳起票・承認を行えない，もしくは起票・承認を実行するための画面にアクセスできないことを観察するなどの手続が考えられます（広く一般に利用されているパッケージシステムであり，アクセス制御の仕組みを仕様書やユーザマニュアルで確認できる場合には，この手続を省略

する場合もあります）。

　この手続により重要権限（仕訳の起票・承認権限）が権限オブジェクト「会計伝票メニュー」と「伝票更新権限」の設定値のみによって制御されていることを確かめられるため，次は実際にそれらの権限が付与されているアカウントを特定します。具体的には，権限オブジェクト「会計伝票メニュー」に関連付けられたロールと，それらのロールを付与されたユーザアカウントをシステムから出力し，伝票更新権限の付与状況を確認する手続が考えられます。

▶ **図表 4-13　重要権限を保持するユーザアカウントの特定**

ユーザアカウント	ステータス	ロール	権限オブジェクト	伝票更新権限 参照	起票	承認
User A	Active	経理_承認	会計伝票メニュー	0	0	1
User B	Locked	経理_承認	会計伝票メニュー	0	0	1
User C	Active	経理_承認	会計伝票メニュー	0	0	1
		経理_一般	会計伝票メニュー	0	1	0
User D	Active	経理_一般	会計伝票メニュー	0	1	0
User E	Active	内部監査人	会計伝票メニュー	1	0	0
Admin	Active	システム権限	全メニュー	1	1	1

会計システム
- ユーザマスタ
  - ユーザアカウント
  - ステータス
  - ロール
- ロールマスタ
  - ロール
  - 権限オブジェクト
  - 更新権限
  - 権限項目
  - 値

　出力されたユーザ一覧が**図表4-13**の通りであるとします。図中の各ユーザアカウントについて，権限の保持が事務分掌上の役割に照らして適切であるかを検討していきましょう。

　重要権限（承認権限）を保持しているアカウントはUser A，B，CならびにAdminの4つであるため，それぞれについて権限保持の妥当性を評価することになります。

 User A （経理責任者の仕訳承認用アカウント）

　経理責任者が利用するアカウントであり，承認権限が付与されていても問題ないと判断できます。

 **User B** 期中に退職した経理副責任者の仕訳承認用アカウント（退職後にアカウントがロックされている）

　退職済みの経理副責任者のアカウントであり，現在はロックされているため承認権限を行使できない状態にあります[27]。ロックされているアカウントが重要権限を保持している場合，ロックされたタイミングの適時性とロックされて以降のアカウントの利用状況（ロック解除による一時的な利用や不正アクセスによる利用の有無）が論点となります。

　財務諸表監査目的のみで内部統制を評価している場合，期末日時点で最終ログイン日を確認して[28]退職日以降にアカウントが利用されていないことを確認するなどの実証的な手続により，業務上の権限が失われた時点以降に承認権限が行使されていないことを確認することが求められます。

　SOX監査の一環でアクセス制限を評価している場合には，ロックされた退職者アカウントの不正利用によって権限が不正に行使されるリスクが内部統制の仕組みの中で低減されていることを確認しなければなりません。発見的なマニュアル統制としては，ロックされたアカウントの最終ログイン日をレビューする統制や，承認済み仕訳を一覧で出力して退職日以降に退職者が利用していたアカウントによって承認された仕訳が存在しないことを確認するといったものが考えられます。

　十分な発見的統制が整備されていない場合，ロックされたアカウントが不正利用されるリスクを予防的な統制の組合せを加味して評価し，退職者のアカウントに承認権限を付与し続けていることが内部統制の不備に該当するかどうかを判断する必要があります。

　例えば，退職者アカウントを適時にロックする内部統制の有効性がIT全般

27　アカウントを削除すると，過去にそのアカウントが承認した仕訳の承認者情報が正しく表示されなくなるなどの不具合が生じることがあります。こうした不具合を予防するため，アカウントの削除（物理削除）は行わずにロックや無効化（論理削除）によって退職者アカウントの不正利用を防ぐ運用も一般的です。なお，不正なログインが発生した場合の被害を軽減するためにはアカウントロック時に権限を可能な限り剥奪することが望まれますが，ここでは説明の都合上権限を残したままアカウントを無効化しているケースを例示しています。

28　特に自社開発のシステムにおいて最終ログイン日が監査上重要な情報となる場合，ログイン時に確かに最終ログイン日の情報が更新される仕組みになっていることを観察などの手続によって確認することが望まれます。

統制の評価によって確認されており，ロックを解除する権限が情報システム部の特権アカウントに限定されているとしましょう。この時，特権アカウントの利用やパスワードの強度に係る IT 全般統制も有効であれば，ロック済みのアカウントの権限が行使されるリスクは，IT 全般統制を含む内部統制全体のデザインにより十分に低減されているという判断ができるかもしれません。

　一方で，ロック解除に関する内部統制が整備されておらず，一時的なロック解除による権限行使のリスクが低減できていないような場合には，ロック済みアカウントの権限保持をアクセス制限の不備として識別しなければならない可能性があります。また，そのような状況においては，本来アカウントロック時に権限を削除することでリスクを低減しておくべきであり，退職者アカウントのロック・権限削除に係る IT 全般統制の不備もあわせて検討しなければなりません。

 **User C**　経理副責任者の退職に伴い承認権限を委譲された経理担当者の仕訳承認用アカウント

　仕訳の起票権限と承認権限を同時に保持しており自己承認が可能となっているため，権限コンフリクトの観点から内部統制の不備に該当すると考えられます。ここでは，元々は経理担当者として仕訳の起票を担当しており，副責任者の退職に伴う権限委譲のタイミングで承認権限を付与されたものの，承認権限付与時に起票権限が剥奪されていなかったために権限コンフリクトが生じてしまったとしましょう。このような場合には，IT 全般統制における権限付与のプロセスにおいて権限コンフリクトの確認が十分に行われていなかったことが不備の根本原因であると想定され，IT 全般統制の不備もあわせて検討する必要があります。

　なお，内部統制の不備に伴う追加的な監査手続としては，User C が起票した全仕訳データを閲覧し，自己承認された仕訳が存在しないことを確認するなどの手続が考えられます。

 User D　経理担当者の仕訳起票用アカウント

 User E　監査証跡収集のための閲覧用アカウント

いずれも重要権限を保持しておらず，評価対象外であると整理できます。

 **Admin** 情報システム部がシステム保守に利用する，全権限を付与されたデフォルト特権アカウント

　内部統制のデザインを踏まえると，システム部門が保守運用に利用するアカウントであっても，本来的には経理責任者以外に仕訳承認権限は付与されるべきではなく，また起票権限と承認権限を同時に付与することは避けることが望まれます。しかしながら，システムのデフォルト特権アカウントとして全権限が自動的に付与されており，一部の権限のみを剥奪することもできないケースも存在します。そのようなアカウントが存在する場合は，権限コンフリクトを回避できないことを前提として補完的な内部統制を整備することが求められます。

　業務処理統制として対応するのであれば，毎月末に仕訳一覧を出力してAdminアカウントを利用して起票または承認された仕訳データが存在しないことを経理責任者が確認するといった統制が考えられます。あるいは，IT全般統制の中で特権アカウントの貸出管理やログモニタリングが行われており，仕訳の起票や承認に利用されるリスクが低減されている，もしくは仮に利用された場合には事後的に発見・是正される仕組みになっている場合には，それらの統制を補完的統制とみなすことも考えられます。

　補完的な統制が存在せず，Adminを利用した仕訳承認のリスクが残存している場合には内部統制の不備を識別することになりますが，業務プロセスとIT全般統制のどちらのプロセスに紐づく不備として識別するかについては現実的な改善の方向性に応じて判断する必要があります。

　Adminから一部の権限のみを剥奪することが可能なのであれば，アプリケーションアクセス制限（ITAC）の不備を識別すると想定されます。一方で，デフォルトアカウントの権限は変更できない仕様でありITACの枠組みの中で状況を改善することが難しい場合には，業務処理統制またはIT全般統制の整備不備（本来必要な統制の不在）を識別し，前述のような補完的な統制の導入による改善を検討することになると考えられます。

Column

システム外で仕訳を承認するプロセスにおけるアクセス制限の重要性

改正監基報315（第25項）では，リスク評価手続において理解しなければならない統制活動として仕訳入力に関する内部統制が挙げられています。また，仕訳入力に関する内部統制は，特別な検討を要するリスクに対応する内部統制と合わせて，監査人がデザインおよび業務適用状況を判断することが求められる内部統制に指定されています（A139）。

では，仕訳情報が会計システムで管理されているものの，仕訳の承認はシステムの外で手作業により行われている場合，仕訳入力に関するアクセス制限は評価対象に含める必要があるのでしょうか。

例えば，月締め毎に全ての仕訳を出力して事後的に全ての仕訳のレビューおよび承認を行っている場合には，不正な仕訳は事後的に発見される可能性が比較的高いと言えそうです。また，財務諸表監査目的のみであり，取引量も少ない小規模な会社であれば，固有リスクに対応できるだけの実証手続を実施することで仕訳入力権限の状況によらず十分な監査証拠を入手できるかもしれません。

一方で，システム外での承認が事前承認である場合，すなわち承認を受けた仕訳のみを入力するプロセスとなっている場合，仕訳入力権限が過大に付与されていると，承認プロセスがバイパスされるリスクが高くなると想定されます。あるいは，監査の効率性に鑑みて，統制リスクを踏まえて実証手続の範囲を合理的に限定することを計画するのであれば，仕訳起票権限を持つユーザがどのように限定されているかを理解することは非常に重要になります。

したがって，システム外部の内部統制により不正な仕訳を検知・是正できる仕組みが構築されているかをまず確認し，リスクが残存しているのであれば仕訳入力に係るアプリケーションアクセス制限の状況（デザインおよび適用状況）を理解したうえで，実証的な手続によって対応するのかアクセス制限の内部統制に依拠するのかを監査の実効性と効率性を踏まえて判断する必要があると考えられます。仕訳入力に関するプロセスは重要性が非常に高いため，会計監査人だけはなくIT監査人も巻き込んで，チーム全体として結論を導くことが望まれます。

4.7 インターフェースの評価

　システム間でデータを連携する処理をインターフェースといい，データを送信する側を上流システム，受信する側を下流システムと呼びます。インターフェースはその他のITACに比べて処理の工程が多く，複数のシステムが関連することから考慮すべきIT全般統制の範囲も広範に及びます。このため検証プロセスも複雑になり，監査にも多くの時間を要する傾向にあります（処理の頻度や複雑性次第では，上流と下流のデータを突合するマニュアル統制を導入してITに依拠しない形で内部統制を構築する方が，監査工数まで含めた業務プロセス全体として効率的であることも十分あり得ます）。

　インターフェースの処理は大きく「上流システムにおける送信データの抽出」「転送処理」「下流システムにおける受信データの取込」の三段階に分けられます。各段階の検証における主要な論点を整理すると次のようになります。

■ 上流システムにおける送信データの抽出

　上流システムのデータテーブルから送信対象とすべきデータが過不足なく抽出されるロジックになっていることを確認します。また，一度送信されたデータが再度送信されることを予防する処理がどのように実装されているのかも理解する必要があります。

　例えば，売上情報を送信する処理において二重送信が予防されていない場合，システムの誤作動やジョブの手動実行によって下流システムで売上が二重に計上されるリスクが生じます。加えて，送信用データを抽出する過程でデータの変換や集計処理が行われている場合は，それぞれの処理の詳細を理解し，業務要件との適合性や処理の正確性を検証することも求められます。

■ 転送処理

　転送処理は複数システムにまたがる処理であるため，異常終了が生じる可能性も比較的高いことが想定されます。したがって，転送処理がIT全般統制における障害管理やジョブモニタリングの対象に含まれており，エラーハンドリングの内部統制が有効に整備・運用されていることを確認することが求めら

ます。加えて，上流・下流システムとは別にジョブ管理ツールが利用されている場合には，ツールへのアクセス制限といった追加的なIT全般統制の評価の要否を検討する必要が生じます。

　また，データを転送する仕組みとしては，上流と下流のシステム間で直接ファイルを転送するケースの他にも中継システムを介してデータを転送するケースがあります。中継システムが存在する場合，一度中継システムのデータベースへの取込が行われるのか，あるいは一時的に転送ファイルを保管して下流システムが中継システムに問い合わせて転送ファイルを取得しているのかなど，具体的な仕組みを理解してIT全般統制の評価範囲に反映することが求められます。

■ 下流システムにおける受信データの取込

　基本的には上流システムにおける送信データ抽出処理の裏返しであり，受信したデータを正確かつ網羅的にデータベースに取り込んでいることのほか，必要に応じて取込過程での集計処理やデータ変換の業務適合性や処理の正確性を検証することが求められます。

　データサイズなどの制約がないのであれば，上流システムのデータ抽出元テーブルと下流システムのデータ取込先テーブルを監査対象期間分の全てのデータについて直接比較することで実証的にデータ連携が適切に行われたことを確認することも可能です。しかしながら，インターフェースを内部統制として評価する場合には，処理の開始から終了までのプロセスを正確に理解しなければ，全ての処理パターンについて期中を通じて一貫した処理が内部統制のデザインの通りに実行される仕組みになっていることを確認できません。したがって，全ての重要なデータ項目について下流システムに取り込まれるまでのプロセス全体を理解することが重要になります。

　ここまで紹介したインターフェースの評価の大枠を踏まえて，具体的な統制を例に評価手続を確認しましょう。会社は出荷基準を採用しており，統制内容およびITへの依拠の詳細が**図表4-14**の通りであるとします。

▶ 図表 4-14　売上情報のインターフェース

統制記述	ITへの依拠
出荷管理システムは当日中の出荷実績情報を夜間バッチで会計システムに送信する。会計システムは受信した出荷実績を取り込んで売上を計上する。	売上情報のインターフェース 出荷管理システムは，出荷実績テーブルから当日中の出荷実績情報を取得して送信ファイルを作成し，日次の夜間バッチにより中継システムの一時フォルダに送信する。会計システムは一時フォルダに問い合わせを行い，保存されているファイルを取得する。取得したファイルの出荷情報を［売掛金/売上］の仕訳データに変換し，会計伝票テーブルに取り込む。
ITへの依拠に係るリスク	
出荷実績の転送に重複や脱漏が生じる，もしくは転送処理や仕訳データへの変換処理のエラーによりデータが正確かつ網羅的に連携されないことにより，売上および売掛金が過剰または過少に計上されるリスク。また，出荷日付が会計システムに正確に反映されず，売上の期間配分の適切性が損なわれるリスク。	

　仕様書の閲覧や情報システム部などへのヒアリングにより，インターフェースの仕組みが**図表 4-15**の通りであるという理解を得たとしましょう。

▶ 図表 4-15　インターフェースのプロセス

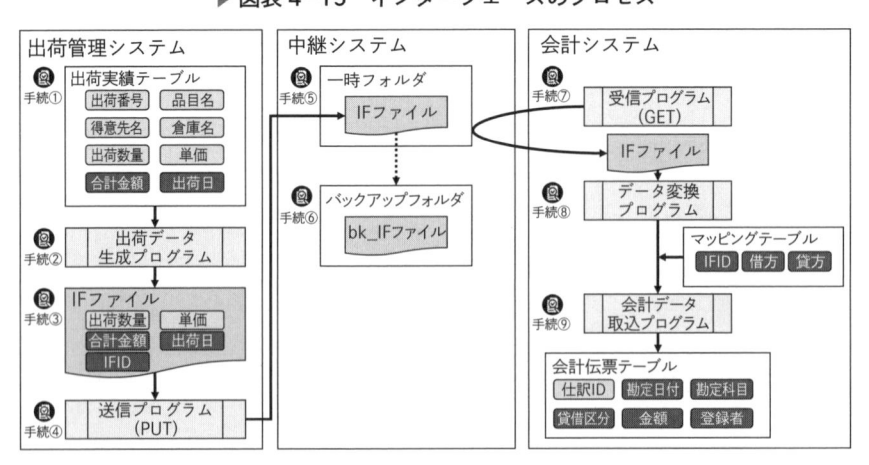

　インターフェースの処理で連携されるデータ項目は，必ずしも全てが内部統制や監査において重要というわけではありません。特に連携されるデータ項目が多い場合には，監査上重要なデータ項目を特定して検証対象を絞り込み，検証手続を過不足なく実施することが求められます。重要な項目の特定が不十分であると十分な監査証拠を入手できない可能性があります。例えば金額情報のみを検証対象とした場合，日付情報が正確に連携されていることについての十分な監査証拠が入手できず，期間配分の適切性について検証する手続が不足してしまうことが想定されます。

　図表4-15の会計伝票テーブルの各データ項目について，内部統制および監査における重要性は**図表4-16**のように整理できます。

▶ **図表4-16　各データ項目の重要性**

データ項目	内部統制・監査における重要性
仕訳ID	仕訳データ登録時にシステムにより自動で生成される識別子であり，内部統制や監査上の重要性はない。
勘定日付	勘定日付は仕訳の基礎的な要素であり，内部統制上も監査上も重要である（期間配分の適切性）。
勘定科目	勘定科目は仕訳の基礎的な要素であり，内部統制上も監査上も重要である（表示の妥当性）。
貸借区分	勘定科目と同様に内部統制上も監査上も重要である（表示の妥当性）。
金額	金額は仕訳の基礎的な要素であり，内部統制上も監査上も重要である（網羅性）。
登録者	直接的に会計情報に影響を与えない項目であり，売上情報のインターフェースという観点からは内部統制や監査上の重要性はない。ただし，登録済み仕訳の承認状況をレビューするマニュアル統制や実証的な仕訳テストなどの監査手続で登録者の情報が利用されている場合，重要と判断される可能性がある（元データの信頼性）。

　以上の整理を踏まえ，仕訳ID以外の全ての項目を検証対象に含めて評価するものとして具体的な評価手続を確認していきましょう。プロセス全体の流れの中で，各項目がどのように取得・変換されながら会計伝票テーブルに取り込まれているのかを理解し，処理を1つずつ検証していくことになります（以下，手続番号は**図表4-15**中の番号と対応しています）。

■ 手続① 元データの特定

　上流システムにおいて送信すべきデータが格納されているテーブルを特定します。また，テーブルのデータ項目の中から，最終的に会計伝票に登録される必要があるものを業務要件に照らして特定します。ここでは，「出荷日」が会計伝票テーブルの「勘定日付」に対応していることを確認できます。金額については，「合計金額」の情報がそのまま会計伝票の「金額」に連携されている可能性と，送信ファイル作成から転送処理の過程のどこかで「単価×数量」の自動計算により再度合計金額が計算されている可能性があるため，**手続②**以降で正確な仕組みを理解したうえで最終的に判断する必要があります。

　なお，前者の場合はインターフェースの処理の一部として，後者の場合は元データの信頼性を担保する情報処理統制として自動計算（単価×数量）の正確性を検証することになります。

■ 手続② 送信ファイル作成処理の理解

　出荷実績データから送信用ファイルを作成するプログラムを特定し，仕様書の閲覧や送信用ファイルの査閲などを通じて金額情報をどのように転送する仕組みになっているかを確認します。ここでは，出荷実績テーブル上の「合計金額」が利用されており加工や集計は行われていないものとしましょう。

　また，送信ファイル作成処理の過程で前回の処理実行時に既に送信したデータが抽出されてしまうと，売上が二重に計上されてしまうリスクがあります。このため，データ抽出のロジックを理解して未送信の出荷実績のみが取得されるように設計されていることを確かめる必要があります。加えて，**手続③**の検証の前提情報として，プログラムの処理の流れの理解を通じて処理パターンの分岐も把握しなければなりません。

　処理の実行タイミングを制御するジョブについても確認が必要です。インターフェースの一連のプロセスとして，時間をトリガーとして送信ファイル作成ジョブが起動され，送信ファイルの作成プログラムとファイル送信プログラムを順次実行するような流れが想定されます。したがって，一連の処理の起点となる送信ファイル作成プログラムを制御しているジョブを特定し，変更管理や障害管理のIT全般統制の対象に含まれていることを確認する必要がありま

す。

　さらに，後続の処理で利用するための識別子などが追加されている場合には，この手続の中であわせて確認しておきます（ここではIFIDが該当しますが，詳細は**手続⑧**で紹介します）。

■ 手続③　元データと送信ファイルの比較

　出荷実績テーブルから送信用データが過不足なく取得されてインターフェースされるファイル（IFファイル）が作成されていることを検証します。具体的には，出荷実績テーブルからSQLなどで取得した送信対象のデータと実際に送信されたIFファイルを比較して両者の一致を確かめる手続が想定されます。全データの比較による検証も可能ですが，各処理パターンについて1レコード分を比較して全てのデータ項目について一致していることを確かめて正確性を検証し，合計レコード数や合計金額の一致を確かめることで網羅性を検証する手続も一般的です。

　この手続は**図表4-3**で紹介したキーレポートの評価と類似したものになるため，詳細な論点についてはそちらも参照してください（IFファイルが**図表4-3**中の「売掛金年齢表」に相当します）。

■ 手続④　送信ジョブの特定

　送信処理を実行するプログラムの理解を通じて，具体的なデータ連携方法を確認します。また，送信プログラムを起動するジョブを特定し，変更管理や障害管理のIT全般統制の対象に含まれていることも確認します。

■ 手続⑤　中継システムの理解

　中継システムが利用されている場合，データが一度データベースに取り込まれるのかどうかが重要な論点となります。

　データが取り込まれている場合，下流システムに送信する際に再度データの取得・送信処理が行われることになるため，一本のインターフェースとして評価するのではなく，「上流システム→中継システム」「中継システム→下流システム」の2本のインターフェースとして評価する必要があります。言い換えると，内部統制としては売上情報のインターフェースという1つの統制ですが，

システム内の処理としては2本の連続する個別のインターフェースが存在しており，それぞれの機能を検証しなければなりません。また，結果として中継システムについてもIT全般統制を広く評価する必要が生じると想定されます。

図表4-15の例のように，IFファイルが一時的にフォルダに保管されるのみでありデータベースへの取込は行われない場合，中継システムのIT全般統制に係るリスクは限定的であると考えられます。

具体的には，送信前の一時ファイルが改ざんされて売上情報の信頼性が毀損されるリスクが挙げられます。一時ファイルが格納されてから下流システムがデータを取得するまでの時間が短いほどリスクは低くなりますが，比較的長時間保管される場合は，「情報システム部の保守担当者など売上に責任を負わないユーザにのみ一時フォルダへのアクセス権を付与する」といった補完的な内部統制（IT全般統制）を識別して評価することも一案となります。

また，障害等により中継システムが利用できなくなった場合に，代替的に手動でIFファイルを連携するような対応が実務上可能であるかも論点となります。システム上の制約やデータの連携頻度などに鑑みて手作業での対応が現実的ではない場合，中継システムの可用性の観点から障害管理やバックアップおよびリカバリに係るIT全般統制を評価する必要があるかもしれません。

なお，今回の例では該当しませんが，中継システム上で送信処理が実行されるような場合には，送信プログラムに付随する変更管理やジョブ管理に関するIT全般統制の評価も検討することになります。

このように，中継システムの機能に応じて評価を求められるIT全般統制の範囲が大きく変わるため，一連のインターフェース処理における中継システムの役割と関連するリスクを正確に理解して評価手続に反映することが重要です。

■ 手続⑥ 検証用データの信頼性の評価

この手続はインターフェースの処理機能自体の検証ではなく，**手続②**や**手続⑧**における検証で監査証拠として利用するIFファイルの信頼性を検証するものです。

検証用データとしてバックアップデータを利用する場合，バックアップがどのように作成されたかを理解し，確かに実際の処理で連携されたデータと同内容のファイルであることを検証する必要があります。

　具体的には，バックアップの作成のタイミング（データが格納される際なのか取得される際なのか）やバックアップ作成処理を実行するプログラムおよびジョブを特定して，確かに実際に送信されたIFファイルと同じデータが保管されていることを確かめる手続が考えられます。監査人がより信頼性の高い監査証拠を入手する必要があると判断した場合には，ジョブ実行ログとバックアップファイルのタイムスタンプの比較やバックアップフォルダへのアクセス制限の評価といった手続を実施することも一案となります。

■　手続⑦　受信ジョブの特定

　受信処理を実行するプログラムの理解を通じて，データ連携の方法を具体的に確認します。今回の例では下流システムが中継システムに能動的に問い合わせてデータを取得しているため，上流システム側のエラーなどによりデータが格納されていなかった場合のエラー処理についても理解する必要があります。また，前回連携されたデータが中継システムの一時フォルダに残存していた場合に二重にデータを取り込むことを予防する仕組みがどのように実装されているかも確認することが求められます。

　受信プログラムを起動するジョブの特定と関連するIT全般統制の確認については**手続④**と同様です。

■　手続⑧　データ変換処理の理解

　上流システムから連携されたトランザクションデータを会計システムに取り込み可能な仕訳データに変換する処理の詳細を確認します。トランザクションデータには勘定科目に関する情報が含まれていないため，貸借それぞれについて適切な科目が設定される仕組みになっていることの検証が必要になります。

　図表4-15では，会計システムの内部にマッピングテーブルが存在し，データの送信元システムに応じて適切な科目を割り当てる処理になっています。このような処理の場合，上流システムをどのように特定しているか，設定されている科目が業務要件に照らして適切であるかを確認します。

　今回の例では，**手続②**で確認したIFファイルの処理の中で上流システムを識別するためのID（IFID）が追加され，IFIDをキーとして科目が設定される仕組みになっています。したがって，マッピングテーブル上でこのインター

フェースのIFIDに対応するレコードを特定し，借方に売掛金，貸方に売上が設定されていることを確かめることになります。また，ワークフローのITACを評価する際に承認者テーブルの変更履歴やアクセス制限を検証する必要があるのと同様に，マッピングテーブルへのアクセス権や変更実績の有無もあわせて検証することが求められます。

■ 手続⑨ 受信データと取込済データの比較

　受信したデータが変換処理を経て会計伝票として正確かつ網羅的に取り込まれていることを検証します。**手続③**における元データと送信ファイルの比較と異なりデータ変換処理を伴っているため，単純にデータを突合することはできません。したがって，まずは**手続⑧**で得た変換処理に対する理解に基づいて監査人が変換処理を再実施し，再現された変換済みデータと会計伝票テーブル上のデータを比較することになります。このとき，データ変換処理に複数の処理パターンがある場合，その全てについて検証することが求められます。その他の観点については**手続③**と同様です。

　また，仕訳の承認状況をモニタリングするマニュアル統制が別途識別されている場合や，仕訳テストにおいて自動仕訳とマニュアル仕訳を区別する必要のある手続を実施する場合[29]には，インターフェースによって登録された仕訳の登録者がどのように記録されるかもあわせて確認する必要があります。データが登録されない場合やIFIDが登録される場合のように，明らかにユーザアカウント名ではない情報が記録されるのであれば，その登録ロジックを理解することが，全仕訳の中から自動仕訳を特定する際に最低限求められる手続になります。

　一方で，データ取込処理の実行にあたって会計システムが利用したシステムアカウントの名前が記録される場合には，そのアカウントにユーザがログインする可能性を考慮しなければなりません。ユーザインターフェース（ユーザ画

---

[29] インターフェースによって連携された仕訳は，会計システム上で手作業により入力された仕訳と区別して自動仕訳として取り扱われることがあります。マニュアル仕訳と異なり，自動仕訳は会計システムに登録するタイミングでの承認が求められません。このため，自動仕訳のトリガーとなるデータを入力した段階でその内容の信頼性が確認されていること（元データの信頼性）や，仕訳を定型的に作成可能な性質の取引であり，都度の承認を行わずに事前定義したロジックに従って仕訳を登録しても正しい仕訳を計上できることが重要な論点になります。

面）からのログインが技術的にできないシステム専用のアカウントであれば自動仕訳であると判断できますが，ユーザによるログインも技術的に可能なアカウントである場合，インターフェースによる自動仕訳とマニュアル仕訳を登録者情報からは区別できないことを前提に内部統制や監査手続を設計することが求められます。

4.8　その他の自動処理の評価

■ データ入力に関するITAC

　一定の条件を満たしていないデータの入力を受け付けないようにする機能や，システムにより提示された選択肢の中から入力するデータを選ぶことでのみ入力を可能にする機能が挙げられます。実装方法には様々な手法がありますが，具体的には**図表 4-17**のような制御が挙げられます。

　これらの機能を検証するには，入力が拒否されるべきデータを入力すると確かに拒否されることや，入力する情報が不足している状態では処理を完了できないことを仕様書の閲覧や機能の観察を通じて確認する手続が想定されます。

　なお，データ入力を制御する機能を内部統制として識別する際には，その機能によって情報の信頼性が確保されているのか，明らかに適当でない情報を除外するにとどまっているのかを正しく理解することが重要です。

　例えば，受注登録において得意先マスタに登録済みの取引先のみ選択できるようにするデータ参照の制御の場合，マスタ入力時の申請・承認プロセスを通じて架空の取引先ではないことが検証された取引先を選択することが強制されます。したがって，個別の取引の実在性までは担保できませんが，取引先の実在性は担保できると考えられます。

　一方で，金額に負数を入力できないようにする入力チェックの制御の場合，システムに不具合を起こすような値の入力を禁止することで日常業務の円滑な遂行には寄与していますが，実際に入力された金額が適切であるかという観点では何も担保していないといえます。したがって，システムの安定稼働を支えるうえでは重要な機能かもしれませんが，財務報告の信頼性を支える内部統制

としては必ずしも重要ではないかもしれません。

このように，入力制限の機能の詳細によって財務報告との関係性や内部統制
としての重要性が大きく異なるため，各機能がどのようなリスクに対応するの
かをよく検討したうえでITACを識別することが重要です。

▶ 図表 4 -17　データ入力に関するITAC

分類	概要
入力チェック	エディットバリデーションチェックのように，特定のデータ形式や事前定義された条件を満たしていないデータの入力を受け付けない機能です。経費申請にあたって未来日付を入力できないなどの制限などが該当します。 データのインテグリティを保つ目的や，業務上発生しえない事象がシステムに登録されることを予防する目的で実装されます。
未入力チェック	未入力の項目がある状態でデータ入力処理を完了できないように制御する機能です。承認者を指定しなければ購買申請をシステム上で起票できないなどの制限が該当します。 業務上必要な情報の入力を強制することで，業務プロセスのバイパスや不完全な情報の登録を予防する目的で実装されます。
データ参照	事前定義された一覧の中から選択することを要求するような機能です。受注登録の際に，得意先マスタに登録されている取引先のみを入力できるようにするなどの制限が該当します。 情報源を統一して元データの信頼性を担保する情報処理統制を効率的に活用することで不正なデータの入力を予防する目的で実装されます。
データ引用	システムによってデータが自動で入力されるような機能です。得意先を選択すると，住所情報や口座情報がマスタから自動取得され，ユーザ画面からは編集できない形式で表示・登録されるなどの制限が該当します。 手入力による不正や誤謬を予防するとともに，システム内で情報の一貫性を担保する目的で実装されます。

■ 登録済データの保護

正規の承認プロセスを経て登録されたデータが，ユーザインターフェースを

通じて事後的に編集されることのないように制御する機能を指します。例えば，承認済みの仕訳を事後的に編集できてしまう場合，承認後にその内容を修正することで仕訳承認に係る内部統制が無効化されるリスクがあります。

　承認済みの情報を変更しなければならないのであれば，登録された情報を直接更新するのではなく，取消処理のうえもう一度正規のプロセスを経て再登録するか，IT全般統制のデータ直接修正プロセスに従って必要な検証・承認を経て修正することが求められます。

　多くのアプリケーションにおいてこうした制限は標準機能として実装されていますが，必ずしも全てのシステムに実装されているわけではないため，ウォークスルーの過程で観察などの手続によって確認しておく必要があります。

■ 自動仕訳

　トランザクションデータからシステムにより自動で仕訳情報が作成されるような機能を指します。インターフェースの評価手続（**手続⑧**，**手続⑨**）で紹介した内容と重複しますが，利用する勘定科目をどのように設定しているか，仕訳の起票者がどのように記録されるかを理解し，全てのパターンについて業務要件との適合性や処理の正確性を検証する必要があります。勘定科目がパラメータにより制御されている場合には，コンフィグレーションの項で紹介した各論点についても検証することになります。

　また，仕訳の作成に利用されるトランザクションデータに誤りがあっても，手作業による確認を経ずに自動的に仕訳が計上されて財務諸表に直接反映されてしまうため，仕訳に利用される各情報について元データの信頼性を担保するための情報処理統制が有効であることの確認も重要です。

　加えて，自動処理の条件を満たさないデータがエラーレポートに出力されて担当者による個別のフォローを必要とするような仕組みの場合には，内部統制上の重要性に応じてエラーレポートをキーレポートとして識別するとともに，エラーを全て解消するようにマニュアル統制（ITを利用したマニュアル統制）が整備・運用されていることを評価する必要があります。

■ その他の自動処理

　ここまで紹介してきた以外にも，ビジネスプロセスやシステムの設計に応じ

て，被監査会社・部門固有の自動処理を内部統制として識別しなければならないことがあります。どのような処理であっても，プロセス全体を処理の開始から終了まで正しく理解し，各処理に付随するリスクに見合った評価手続を実施することが重要です。

4.9　本番環境の情報を利用できない場合の評価

　検証に利用するデータは本番環境から取得することが理想的です。しかしながら，システム上の制約などにより本番環境からデータを直接取得できない場合や，評価実施時点で一部の処理パターンについて該当するトランザクションが発生していない場合など，必ずしも常に本番環境のデータが利用可能であるとは限りません。

　このような場合，本番環境の情報を利用しない代替的な評価手続の実施が求められます。具体的な評価方法として，**図表4-18**のようなものが挙げられます。

▶**図表4-18　本番環境の情報を利用しない評価方法**

優先度	評価方法	説明
1	テスト環境の利用	テスト環境で評価対象の処理を実行することで検証用データを入手します。 ただし，前提として，本番環境のプログラムとテスト環境のプログラムが同一のものであることを，バージョン管理ツールの閲覧などによって確認する必要があります。また，処理の一部がシステム上のコンフィグレーションに依存している場合，それらの設定が本番環境とテスト環境で一致していることの確認も求められます。
2	UAT結果の利用	評価対象のプログラムを本番環境に導入した際のUAT（User Acceptance Test）の記録が詳細に残っており，監査上評価すべき処理パターンが網羅されている場合，UATの結果の閲覧によって検証を代替することも選択肢になります。

		ただし，UAT以降にプログラムに変更が加わっていないことが前提となるため，バージョン管理ツールの履歴やタイムスタンプの閲覧によって，評価実施時点までUATの結果をロールフォワードすることの妥当性を検証する必要があります。
3	ソースコードレビュー	本番環境のプログラムそのものを取得して，ソースコードを解読することで業務要件を満たした処理が実装されていることを検証します。 対象となるプログラムが短く単純である場合には選択肢となりえますが，多くの場合ソースコードの閲覧のみから十分な心証を得ることは難しく，極めて限定的な場合にのみ実施可能な手続であることに留意が必要です。また，監査人の環境で一部処理を実行するなど，ソースコードレビューのみではなく，何らかの補完的な監査証拠を入手することが望まれます。

4.10　過年度評価結果の利用

　ITに依存したマニュアル統制の自動化された部分や自動化統制の処理内容は，プログラムに変更が加わらない限り一貫したものになることが想定されます。したがって，IT全般統制の有効性を確認できているのであれば，処理の内容に変更がないことを前提に，各処理パターンについて1サンプルのみを評価することによって自動化統制の期中を通じた有効性を検証できるとされています。

　言い換えれば，過去から一貫してIT全般統制に不備が識別されておらず，タイムスタンプの閲覧などにより処理を実行するプログラムに変更が発生していないことが確認できているのであれば，自動処理の詳細を必ずしも毎年検証しなくてもよいと考えられます。

　監査基準報告書330（以下，監基報330）A36では，運用評価実施後に変更が発生しておらず，かつ特別な検討を要するリスクに関連しない内部統制につい

て，少なくとも3年に1回の評価が必要であるとし，インターバルは監査人の職業的専門家としての判断によるものとされています。インターバルの期間を短くする要因は監基報330（第12項，A37）で例示されていますが，特にITへの依拠については**図表4-19**のような観点を確認したうえで過年度の評価結果を利用することの是非を判断することになります。

▶**図表4-19　過年度評価結果を利用する際の考慮事項**

観点	説明
プログラムやジョブの変更	タイムスタンプの閲覧などにより，最後に評価を実施して以降，処理に関連するプログラムやジョブに変更が発生していないことを確認することが求められます。変更が発生している場合，変更の前後それぞれについて自動処理の検証をすることになりますが，変更前の期間について過年度評価結果を利用できるかどうかは，本図表中で紹介するその他の評価観点を踏まえて個別に判断する必要があります。 なお，業務プロセス自体に変更が生じており，結果として自動処理にも変更が生じていることが想定される場合には，処理の詳細な検証の前提となる業務要件との適合性の評価を見直す必要があると想定されます。したがって，プログラムやジョブに変更が生じていなかったとしても，必要な変更がシステムに反映されていないリスクも考慮して過年度の評価結果の利用可否を判断しなければなりません。
IT全社統制・IT全般統制の有効性	IT全社統制やIT全般統制に不備がある場合，自動処理の一貫性が担保されないリスクがあります。不備の影響範囲を精査したうえで，処理に関係するプログラムやジョブ，データに影響がないと判断できない場合には，過年度の結果を利用せずに評価することが求められます。
障害・エラーなどの不具合	想定外のエラーやシステム障害が発生している場合，処理の一貫性が損なわれていることが懸念されます。IT全般統制における障害管理プロセスの中で原因が特定され対策が講じられていることを確かめるとともに，障害やエラーにより処理の一貫性が損なわれているリスクを評価する必要があります。リスクが十分に低減されていないと判断した場合，過年度の評価結果を利用せずに機能を検証し，エラーや障害への対応

	に係る追加的な手続を検討することが求められます。
関連するリスク	監基報330で示されている通り，特別な検討を要するリスクに関連する場合は過年度の評価を利用することは認められないと考えられます。 また，自動処理の対象となるトランザクションの量や関連する業務プロセスに鑑みて財務報告に係る内部統制としての重要性が高い場合には，過年度評価結果を利用せずに保守的に評価を行うことも選択肢となります。
監査計画上の依拠の度合い	ITに依拠することによって削減しようとしている実証手続の範囲が大きいほど，不備が見過ごされた場合の監査リスクが高まります。このため，監査手続上の重要性が高い処理については過年度評価結果の利用可否を慎重に判断する必要があります。
手作業の介在	ITに依拠しようとしている処理が完全に自動化されているのか，レポート出力時のパラメータ設定のように一部のプロセスが手作業によって実行されているのかを正しく理解する必要があります。 手作業が介在している場合，作業の複雑性や担当者の交代，作業マニュアルの整備状況などを考慮して誤謬リスクを評価し，自動処理部分に過年度の評価結果を利用する場合であっても，手作業部分のみを評価することも検討する必要があります。
処理の複雑性	監査手続において理解や検証の不足はあってはならないことですが，自動処理が複雑であるほど認識の齟齬や確認不足が潜在しているリスクは高くなります。したがって，処理が複雑な場合は過年度に実施した手続を再検証のうえ，改めて評価する必要性を慎重に判断することが求められます。
処理パターンの網羅性	該当するトランザクションが発生しなかったなどの理由で過年度に評価されていない，もしくは本番環境以外で評価した処理パターンがある場合，その処理については過年度の評価結果を利用することができません。したがって，評価されていないパターンに該当するトランザクションの発生状況を確認し，該当するものがある場合，少なくとものその処理については監査対象年度の評価対象に含める必要があります。

4.11　IT全般統制に依拠しない評価方法

　内部統制または監査手続においてITへの依拠が存在する場合，一般にIT全般統制の有効性を評価することが求められます。IT全般統制の評価には相応の工数がかかりますが，これを回避するためにIT全般統制に依拠しない形でIT機能の信頼性を検証することはできるのでしょうか。いくつかの方法を検討してみましょう。

■ 監査手続で利用する資料の信頼性についてITに依拠している場合

　監査手続で利用するシステム出力の母集団資料のみがITへの依拠として識別されているような場合，データを出力した際の出力条件およびレポートの信頼性を個別に評価すれば必ずしもIT全般統制を評価しなくてもよいと考えられます。母集団資料としてのみ利用されるレポートは業務上繰り返し利用されるものではなく，年1，2回程度，必要に応じて都度出力するものであるため，レポートを生成する仕組みではなく実際に利用するレポートそのものの信頼性を検証できれば問題ありません。言い換えると，レポートを出力するプロセスが常に正しいことを検証する必要はなく，母集団資料として利用するために出力されたレポートそのものが結果論として信頼に足るものであることを検証できれば十分であるといえます。

　具体的には，レポート上のデータ（レコード）から十分な数のサンプルを取得して，外部証憑と突合することで信頼性（正確性・網羅性）を実証的に評価する手法が考えられます。正確性についてはレポート上の情報を母集団として外部証憑とレポートの内容が一致していることを確認することで，網羅性については外部証憑を母集団として対応する情報がレポート上に出力されていることを確認することで検証できます。

　なお，レポートに出力された情報の正確性や網羅性ついて実証的な検証を行わない場合，少なくともデータの信頼性についてはIT全般統制に依拠することになり，データベースへのアクセス制限といった一部の統制についてはIT全般統制の評価対象に含める必要があると考えられます。

■ 内部統制としてITに依拠しているが，SOX監査の対象でない場合

　SOX監査の対象でない場合，内部統制の有効性は評価の目的ではないため，業務要件に従った自動処理が年間を通じて所期の通りに機能していたことを結果論として確認できればよいと考えられます。1日に大量のトランザクションを処理する自動計算を財務諸表監査目的で評価するケースを例に，具体的な評価方法を考えてみましょう。

　期末日以降にタイムスタンプを取得することでプログラムやジョブに変更が発生していないことを確認できる場合，プログラムやジョブの変更管理やアクセス制限に関するIT全般統制を評価せずとも年間を通じた処理の一貫性を評価できる可能性があります。

　また，タイムスタンプを直接取得できない場合であっても，十分な数のサンプルを期間の偏りがないように取得し，再計算により自動計算の正確性を検証することも考えられます。具体的には，マニュアル統制の評価と同様に25件のサンプル[30]について実際の計算結果と監査人による再計算の結果を比較して一致を確かめることで，年間を通じて一貫して適切な処理が行われていたことの心証を得る手続が想定されます。ただし，複数のサンプルの評価によって内部統制の有効性を検証する場合，全ての処理パターンについて十分な数のサンプルを確保しなければならない点には留意が必要です。

　自動処理を実行するプログラムに関する処理の一貫性については上記のような手続をもってIT全般統制の評価を代替することも一案となりますが，システムの運用全般に関係するようなIT全般統制については別途検討が必要です。言い換えると，25件分の自動計算の再実施によって検証できるのはあくまでも自動計算処理が業務要件に沿って正確に実行されていることであり，本来IT全般統制によって低減されるべき全てのリスクに対応できているわけではありません。

　もしデータベースの保護が不十分であれば，計算に利用する元データや計算

30　システム管理基準追補版（付録図表5-1　サンプル件数の例）を参照してサンプル数を例示しています。実際の評価件数は，IT環境の変更有無なども考慮して，監査人自身の判断で決定する必要があります。

▶ 図表 4 -20 　自動処理に付随するリスクと監査手続

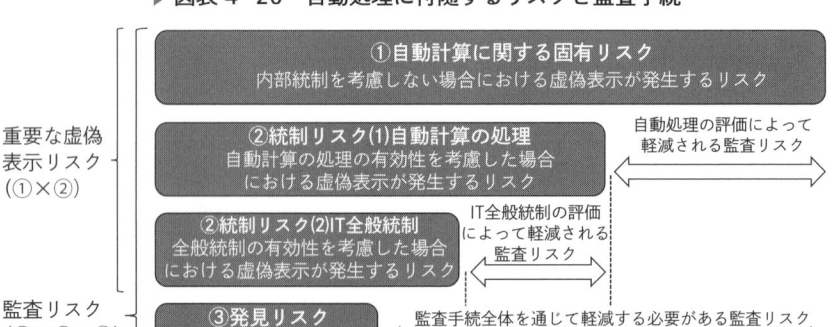

結果のデータの信頼性が担保されなくなるリスクがあります。また，障害管理の内部統制が有効でない場合，エラーによって生じた処理漏れや二重計上が解消されないまま放置されるリスクも高くなります。

　そもそも，自動処理が業務プロセスに組み込まれており内部統制として機能しているという前提の下では，関連する固有リスクおよび統制リスクは監査手続の方法（IT全般統制への依拠の有無）によらず同じものになります。したがって，IT全般統制を評価せずにITへの依拠のみを識別するのであれば，監査リスクを十分に低くするために必要な代替的な手続を過不足なく実施することが求められます。そのためには，単純にサンプルサイズを拡大するのではなく，IT全般統制によって対応されているリスクを正しく把握し，代替的な手法によってそれらのリスクに漏れなく対応できるように監査手続を設計することが重要になります（**図表 4 -20**）。

■ ITへの依拠がSOX監査の対象である場合

　SOX監査においては内部統制の有効性自体が評価対象となるため，結果論として財務報告の信頼性が損なわれるような事象が生じていなかったことを示すのではなく，ITへの依拠を構成するプログラムやジョブ，元データや処理結果に不正な変更が加えられない仕組みになっていることの評価が求められます。前段の例を踏襲して言い換えると，自動計算の処理や関連するデータが年

間を通して適切であったという結果を検証するのではなく，適切性が維持されるように内部統制の仕組みがデザインされ，運用されていることを評価する必要があります。したがって，ITACやITを利用したマニュアル統制がキーコントロールとして識別されている場合，原則としてはIT全般統制まで含めて評価しなければならないと考えられます。

⌐ Column ⌐

内部統制の自動化は監査を効率化するのか

　業務プロセスの自動化には一般に，業務の効率性を向上させることが期待されます。内部統制についても同様であり，手続を自動化することでプロセスの効率性や処理の正確性の向上が見込まれます。

　一方で監査手続に関しては，内部統制の自動化によって手続全体が効率化されることは必ずしも期待できません。IT全般統制が有効であることを前提にすれば，自動化された手続の評価単体では効率化されると想定されますが，IT全般統制の評価には相応の工数がかかることになります。また，特にインターフェースのような複雑な自動処理を導入する場合には，自動処理の検証そのものにも多くの時間を要することが想定され，業務効率性の改善とSOX対応を含む監査対応負担の増加の双方を考慮すると，自動化前の方が総合的な効率性に優れていたということも考えられます。

　しばしば「IT全般統制に依拠することで評価を効率化できる」と説明されますが，特にパッケージでないシステムのIT全般統制を評価する必要がある場合には，むしろ監査に要する総工数は増加する可能性が高いと思われます。

　したがって，監査対応にかかる工数も含めたプロセス全体としての効率性の改善を期待して財務報告に関する内部統制を自動化する際には，早い段階で内部監査部門や外部監査人とも協議し，自動化による恩恵と付随して増加する負担のバランスを慎重に検討したうえで自動化の是非を判断することが重要です。

Column

AIへの対応

　今日ではAI技術の発展が目覚ましく，AIを活用した多くのツールが登場しています。ユーザが直接AIへの処理を依頼する生成AIのようなサービスやデータ分析のためにツールの中に組み込まれているものなど，その実装方法も多種多様です。ここでは，内部統制にAIが利用されている場合の評価方法を考えてみましょう。

　AIであってもその他の自動処理と同様に，インプットデータの信頼性が大前提となることに変わりはありません。AIの学習に利用されるデータに信頼性を欠く情報が含まれていれば，その処理結果も信頼性を欠くものになる可能性が高くなります。したがって，AIが内部統制上重要な役割を果たしている場合，インプットデータの信頼性を担保する情報処理統制の評価が必要になると考えられます。

　一方で，処理内容の一貫性についての考え方は従来の自動処理とは大きく異なります。自動計算の処理であれば，計算式を変えない限りインプットデータとアウトプットデータの関連性は不変であり，同じ入力には同じ出力が対応します。ところがAIにおいては，インプットデータが蓄積されて学習内容が更新されることで，同じインプットに対しても異なるアウトプットを出力することが想定されます。したがって，従来の自動化統制の評価のように，全般統制の有効性を前提に１件テストで処理の信頼性を確認するような手続は当てはまらず，AIから出力されたデータを内部統制の実施者がどのように活用しているかに焦点をあてた評価が求められると考えられます。

　例えば，会社の過去の財務情報を学習させて将来予測や見積りに活用している場合，AIの出力内容の信頼性そのものも含めて予測や見積もりに責任を負う人物が最終的な判断を下していることが重要であり，信頼性や判断の基準が明確であることなどが評価項目になると想定されます。

　内部統制の中でAIが果たす役割とその限界を正しく把握し，AIの利用者によって補完的なリスク対応が行われていることを評価することが監査人に求められるようになるのではないでしょうか。

第 5 章

財務諸表監査における
IT全般統制の評価

本章では，IT全般統制の全体像と評価手続を紹介します。IT全般統制を構成する各プロセスについてシステム管理のプロセスの詳細を確認しながら，業務プロセスおよび関連するリスクを紹介し，リスクに対応する標準的な内部統制とそれらを評価する際の主要な観点を整理します。

5.1 IT全般統制とシステムライフサイクル

これまで述べてきた通り，IT全般統制の評価対象となるシステムは業務処理統制やITへの依拠を評価するなかで識別されることになります。また，識別された各システムについてIT全般統制のどのような項目について評価する必要があるかという点は，システムの役割や重要な自動処理の詳細な機能に対する理解に基づいて判断する必要があります（詳細は第4章の各具体例参照）。

業務処理統制の理解において業務プロセスの理解が前提となるように，IT全般統制の理解においてはシステムライフサイクルを通じた管理活動を理解することが評価の第一歩になります。一般的なシステムライフサイクルとIT全般統制の評価範囲を整理すると**図表5-1**のようになります。

▶ **図表5-1　システムライフサイクルとIT全般統制の評価範囲**

財務報告に係るIT全社統制の評価範囲
財務報告に係るIT全般統制の評価範囲
戦略・計画　／　開発・調達　／　導入　／　保守・運用　／　廃棄

計画段階は事業計画とIT投資の整合性，廃棄段階は情報セキュリティの観点などから重要なプロセスですが，内部統制を評価する目的を財務報告の信頼性に限定する場合，特に開発・調達，導入，保守・運用のプロセスについて全般統制の詳細な評価が求められることになります。

「財務報告に係る内部統制の評価及び監査に関する実施基準」（I．2（6）②〔ITの統制〕）では，IT全般統制の具体例として「システムの開発，保守に係る管理」「システムの運用・管理」「内外からのアクセス管理などシステムの安全性の確保」「外部委託に関する契約の管理」の4つが挙げられています。本章では，システムの管理プロセスを**図表5-2**のように整理して各プロセスにおける代表的な統制活動と評価観点を確認していきます。

▶ 図表 5 - 2　IT全般統制の区分（システムの管理プロセス）

プロセス	概要
プログラム開発管理	システム開発の着手からシステムのリリース（利用開始）までのプロセスを指し，ライフサイクルにおける開発・調達および導入の段階に該当します。新規システムの開発やシステム更改，既存システムに対する新規モジュールの追加などを対象とします。 また，関連するリスクの範囲がシステム全体に及ぶという観点から，サーバーリプレイスやOS・DBMSのバージョンアップといったインフラレベルの変更についても対象に含めます。 評価にあたっては，システムが業務要件に即して設計されることや，内部統制も含めた運用体制を整備したうえでシステムの利用を開始していること，インフラの変更がシステムの可用性や情報の完全性を損なわないように実施されていることなどを確認します。
プログラム変更管理	稼働中のシステムに対して，業務要件に応じたアップデートや不具合の修正などのために修正を加えるプロセスを指し，ライフサイクルにおける保守・運用の段階に該当します。 評価にあたっては，システムの変更によって情報のインテグリティが損なわれることがないように変更案件を管理する手続が整備・運用されていることを確認します。
システム運用管理	ジョブスケジュールの管理や障害管理など，日常的なオペレーションとして実施されるプロセスを指し，ライフサイクルにおける保守・運用の段階に該当します。 評価にあたっては，システムの安定的な稼働が維持されるように管理する手続が整備・運用されていることを確認します。
アクセス制限	プログラム，データ，ジョブ，その他重要なコンフィグレーションなどへのアクセスを管理するプロセスを指し，ライフサイクルにおける保守・運用の段階に該当します。 評価にあたっては，業務上の必要性を超えたアクセス権限が付与されないように管理する手続や，特権的なアクセスをモニタリングする手続が整備・運用されていること，なりすましなどによる不正なアクセスが予防されていることを確認します。

　なお，本章では一般的にIT全般統制の評価項目として取り上げられる主要な統制および評価観点を紹介しますが，IT環境や管理プロセスに応じてIT監査人自身が評価項目や観点を都度判断することが最も重要であることは言うまでもありません。

　また，外部委託先管理については上記の各プロセスの中で識別された手続が外部委託されている場合に個別に検討することになります。例えば，「システム管理基準追補版」では「外部委託に関する契約の管理」に係る内部統制の具体例として外部委託先とのサービスレベルの定義と管理を挙げていますが，合意されたサービスレベルが内部統制として求められる水準を満たしているかどうかを判断するためには，**図表5-2**に示した各プロセスにおける外部委託先の役割と責任を理解することが不可欠です。

　こうした理由から本章ではIT全般統制の区分に外部委託先管理を独立した項目としては含めませんが，委託先の業務遂行状況をモニタリングすることは委託元の責任として実施されるべき重要な統制活動ですので，次章にてIT全社統制の要素として紹介します。また，IT全般統制の一部が外部委託先で実施されている場合における具体的な監査手続については**5.9**「外部委託先における統制活動の評価」にて紹介します。

5.2　IT環境の理解とIT全般統制の評価単位

■ IT環境の理解

　IT全般統制を評価するにあたっては，各プロセスの詳細を検討する前に評価対象システムに関連するIT環境を理解する必要があります。具体的な確認項目としては**図表5-3**のようなものが挙げられます。評価対象システムのそれぞれについてこれらの情報を入手し，リスク評価および監査手続に反映させることが求められます。

▶ 図表 5 - 3 評価対象システムのIT環境

確認項目	観点
システムの利用者および管理者（ITと業務の分離）	ユーザ部門およびシステム管理部門を確認します。ユーザ部門とシステム管理部門の職務分掌が成立しておらずユーザ部門自身がシステムの開発・保守・運用を行う環境においては，牽制機能が十分に機能せずにIT全般統制の有効性が損なわれるリスクが相対的に高くなると想定されます。
内部統制の実施者および組織体制	内部統制（IT全般統制）の実施者の人数やスキル，所属部門と組織上の位置付けを確認します。十分な経験を有する担当者が不在な場合や業務量に対して人数が不足している場合には，内部統制がデザインの通りに運用されないリスクが高くなります。 また，情報システム部など業務部門以外の部門が内部統制を担当している場合，部門間の関係性と役割分担を理解することも重要です。部門間に従属関係がある場合，力関係を利用して内部統制がバイパスされるリスクも考慮する必要があります。
規程類の整備および周知	評価対象システムの管理・運用に係る規程やマニュアルの整備および周知の状況を確認します。文書化された資料が存在しない場合や，資料の共有が不十分であり業務遂行時に容易に参照できない場合には，内部統制がデザインの通りに運用されないリスクが高くなります。
外部委託先の利用	外部委託先を利用している場合，その内部統制上の役割を確認します。外部委託には，BPO（Business Process Outsourcing. ここではシステムの保守運用業務の外部委託を指します）やデータセンターの利用，クラウドサービスの利用などが含まれます。 外部委託されている内部統制上重要なプロセスについては，委託先の業務遂行状況ならびに委託元である被監査会社が委託先に対してどのようなモニタリングを行っているかをIT全般統制の詳細な評価を通じて確かめることになります。

重大な障害やインシデントの発生	重大な障害やインシデントが発生している場合，ITへの依拠への影響を評価することが求められます。 また，障害やインシデントの根本原因がIT全般統制の不備に起因するものではないかという観点での評価も必要になります。
IT環境の重要な変更	サーバーリプレイスや新規モジュールの追加，オンプレミスからクラウドへの移行など，システム基盤やアプリケーションに対する重要な変更の発生状況を確認します。重要性はITへの依拠への影響やIT全般統制のプロセス変更の有無によって判断され，内部統制に与える影響が大きいと判断された場合には，影響を受ける内部統制のそれぞれについて変更の前後で母集団を分けて評価することを検討します。
技術情報	評価対象システムの各レイヤについて，基本的な技術情報を確認します。入手した情報は監査計画や評価手続の策定にあたって前提条件として利用されます。 ・種類：パッケージ/カスタマイズ/スクラッチ ・パッケージ名およびバージョン情報 ・OS,DBMSの種類およびバージョン情報 ・サーバー名称 ・物理基盤の管理方法： 　自社管理/データセンター/クラウド事業者 アプリケーション ミドルウェア OS 仮想基盤 物理基盤 評価対象システムのレイヤの例

■ IT全般統制の同質性と評価単位

　複数のシステムについてIT環境が共通しており，内部統制の各手続も同じプロセスとなっている場合，それらのシステムは内部統制の観点から同質であるといえます。システム間に同質性が識別された場合，複数のシステムを束ね

て評価することでサンプル数を削減し，手続を効率化できる可能性があります。

四半期ごとに実施される内部統制を3つの評価対象システムについて評価するケースを例に考えてみましょう。サンプル数は**図表5-4**に従うものとします。

▶ **図表5-4　内部統制の実施頻度とサンプル件数**

内部統制の実施頻度	サンプル件数
1日につき多数	25
日次	25
週次	5
月次	2
四半期次	2
年次	1

出典：システム管理基準追補版 付録図表5-1 サンプル件数の例より引用

同質性が認められない場合，各システムにつき母集団となる年間発生件数が4件，評価対象サンプルが2件となり，合計6件（2件×3システム）のサンプルを評価することが求められます。一方で，同質性が認められるのであれば，母集団は12件（3システム×四半期）で月次統制相当の件数となり，3システムで最低2件を評価すればよいということになります[31]。同質性に基づいてまとめられたシステムの組を評価単位と呼び，この例では3つのシステムからなる1つの評価単位が識別されることになります。

こうした工夫による評価の効率化は，多数のシステムがIT全般統制の評価対象として識別されている場合に特に有効です。言い換えれば，システムの管理に係る手続を標準化することで，業務だけなく監査対応も効率化されることが期待できます。なお，同質性はプロセスごとに検討されるものであるため，例えば変更管理については同質性を識別してまとめて評価し，アクセス管理については個別に評価するといった工夫も可能です。

31　整備状況評価の過程で全てのシステムについて各1件サンプルを取得して，確かに同質性が認められることを確認できていることが前提になります。特に初年度評価においては，必要最低サンプル数を超えて各システム1サンプル以上評価することで，確かに同質な内部統制であることを示す十分な監査証拠を入手するといった調整も一案となります。

　一方で，誤って同質性を識別してしまうと，本来必要なサンプル数を評価できず十分な監査証拠を入手できないまま監査意見を出すことになりかねません。したがって，同質性の識別には慎重な判断が求められます。具体的には，評価対象となる各プロセスについて**図表5-5**のような情報を比較する必要があります。

▶ 図表 5-5　　同質性の検討

評価観点	説明
IT環境・ IT全社統制	自社管理のシステムと保守運用を全て外部ベンダーに委託しているシステムでは，IT全般統制の前提となるIT環境やIT全社統制が異なることが想定されます。IT全般統制の前提となるこれらの要素が異なればIT全般統制によって対応すべきリスクも異なり，プロセスや統制が同質でない可能性が高くなります。 また，重大な変更やインシデントが発生しているシステムについては，イベントに伴うシステム固有のリスクが潜在していることが想定され，同質性の識別は難しくなると考えられます。
規程・ マニュアル	各システムに係る内部統制の実施者が遵守すべき規程や参照するマニュアルが異なる場合，実施される手続も異なることが想定されます。一見して同じ手続に見える場合でも，異なる規程・マニュアルが用意されている理由の確認や，その差異が内部統制に与える影響の評価が求められます。 また，作業者が参照する作業マニュアルが存在しない場合，担当者間でオペレーションに差が生じるリスクが高くなり，結果として同質性が損なわれることも懸念される点に留意が必要です。
プロセス・手続	プロセスや手続が異なれば，関連するリスクやオペレーションエラーの可能性も異なります。同質性を識別する際には，内部統制の観点から差異が微細なものであると言えるかを評価する必要があります。
責任者・担当者	責任者や担当者が同じでプロセスも同じであれば，オペレーションミスなどの人的エラーのリスクも同程度になると想定されます。複数人で業務を分担している場合には，プロセスが同じであったとしても，業務経験や教育体制の状況，マニュアル類の整備状況を踏まえて，担当者の差異に起因して同質性が損なわれるリスクを評価する必要があります。

フォーマット・ツール	申請・承認のような基本的なプロセスが同じであっても，利用されているフォーマットやツールが異なる場合があります。これらの差異がプロセスや内部統制に与える影響，ツール固有のリスクの有無，証跡の保管状況などを考慮して同質性に与える影響を評価する必要があります。
実施頻度	内部統制活動の実施頻度（発生件数）がシステム間で大きく異なる場合，その理由がプロセスの差異に起因するものかを判断することが求められます。例えば稼働開始直後で変更案件が頻発しているようなシステムについては，プロセスが同じであっても同質性を認めず個別に評価する必要があるかもしれません。実施頻度が異なっても同質性を認めることは可能ですが，取得するサンプルの内訳に実施頻度の差異が反映されるように工夫する必要があります。

　なお，同質性を識別して束ねて評価したプロセスに内部統制の不備が発見された場合，不備の範囲は束ねられたシステム全てとなり，監査上の追加手続も全てのシステムを対象にして実施しなければなりません。すなわち，システムA，B，Cを1つの評価単位にまとめて合計25件のサンプルを評価した際にシステムAのサンプル1件についてのみエラーを発見した場合，内部統制の不備の範囲はシステムA，B，C全てになります。同質性を認めて評価しているということは，内部統制が有効である確からしさは全てのシステムについて同じであることを前提としており，システムAに不備があるのであればB，Cについても不備がある可能性が高い（同様に確からしい）と判断されるためです。

　仮にシステムAについてのみ多数のエラーが発見され，システムAのみに不備を識別することが妥当であると見受けられるような場合には，そもそも同質性を識別したことが妥当だったのかという点に遡って検討する必要があります。エラーの根本原因を特定した結果として同質性を識別するべきでないと判断した場合には，監査計画を見直して評価単位を修正することになります。

5.3　統制活動間の関係性

　内部統制を評価する際には，評価対象となる業務プロセスと関連する内部統

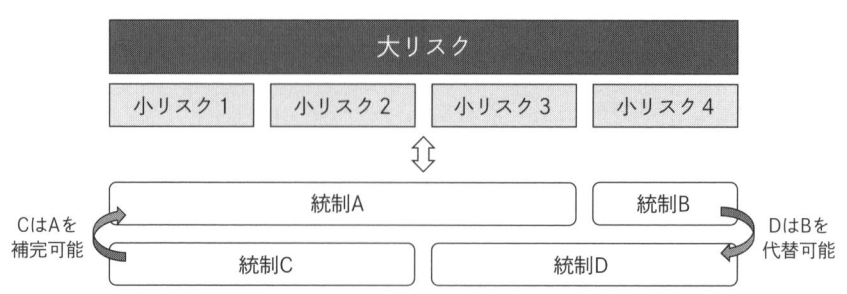

▶ 図表 5 - 6　統制活動間の補完的関係と代替的関係

制の全体像を理解する必要がありますが，実施されている内部統制を全て評価することは必ずしも求められません。内部統制活動は相互に関連しながら統制目的を達成する（統制目的の達成を妨げるリスクを十分に低い水準まで低減させる）ようにデザインされており，1つのリスクに対して複数の統制が実施されていることもあります。複数の統制が同一のリスクに対応しているような場合，効率的な評価が行えるように評価対象とする統制活動を選定することになります。このとき，評価対象として選ばれた統制をキーコントロールと呼びます。

　キーコントロールはリスク対応に漏れが生じないように選定しなければなりません。例えば図表 5 - 6 のように，統制目的に対応する大リスクが複数の小リスクに分解され，複数の統制活動の組み合わせによってリスクが低減されているとします。このとき，統制AとBをキーコントロールとして選定すれば関連するリスク（小リスク 1 ～ 4 ）への対応を網羅的に評価できます。一方で，統制AとCをキーコントロールとして評価した場合，小リスク 4 に対応する内部統制が評価されていないことになるため，大リスクが全体として十分な水準まで低減されているかを確認できません。

　また，統制A，Bをキーコントロールとして選定した場合，両者が有効であれば統制C，Dについては内部統制の理解にとどめて詳細の評価は不要であると整理できます。しかしながら，キーコントロールに不備が識別された場合には，これらの統制の役割も重要になります。

　例えば統制Aを評価した結果，小リスク 1 ，2 に対応する統制活動について内部統制の不備が識別されたとしましょう。この時，統制Cが有効であれば，

統制Ａ，Ｃの組合せにより小リスク１，２，３に対応できていると考えられます。このようにキーコントロールのリスク低減機能の一部を補完する機能を果たす統制（統制Ｃ）を補完的統制と呼びます。

　あるいは，統制Ｂが有効でなく統制Ｄが有効である場合，統制Ｄの対応範囲は統制Ｂの対応範囲を包含しているため，統制Ｂの代わりに統制Ｄを評価することでもリスク対応が可能です。このようにキーコントロールを代替してその役割を引き継ぐことが可能な統制（統制Ｄ）を代替的統制と呼びます。

　内部統制の不備が識別された場合には，補完的統制と代替的統制の有効性を考慮して残存するリスクが監査計画や財務報告の信頼性に与える影響を評価することが求められます（不備への対応の詳細は**3.10**「IT統制の不備への対応」参照）。

5.4　プログラム開発プロセス

　システム開発プロジェクトにおいてはQCD（品質，コスト，納期）のバランスを保つことが求められますが，財務諸表監査やSOX監査の観点からは，特に財務報告の信頼性を保てるだけの品質が担保されていることが重要になります。ITへの依拠として識別される個別具体的な処理の詳細ついてはITACやITを利用したマニュアル統制としてそれぞれ検証することになりますが，開発段階における内部統制が十分でない場合，システム運用開始後に業務要件との乖離や重大な障害が見つかる可能性が高くなり，ITに起因するリスクの水準がシステム全体として高まると想定されます。

　プログラム開発案件を評価する際には，IT予算やIT事業計画書の査閲，IT部門責任者へのヒアリングなどによってIT全般統制評価対象システムに関係する開発案件を特定します。ここでいう開発案件の中には新規システムの開発・導入の他にもサーバーリプレイスなどアプリケーションの変更を伴わない案件も含まれるため，性質ごとに案件を分類し，それぞれについて評価するサンプルの数を決定する必要があります。本節では，代表的な類型として新規システムをスクラッチ開発する場合，パッケージシステムを導入する場合，アプリケーションの改修を伴わないサーバーリプレイスなどのインフラ変更を行う

場合の3つを紹介します。

■ スクラッチ開発の場合

新規システムをスクラッチ開発[32]する場合のプロセスとリスク，監査における評価観点を確認しましょう。

財務報告の信頼性を保つうえで重要になるようなシステムを開発する際には，多くの場合ウォーターフォール型[33]の開発プロセスが採用されます。伝統的なウォーターフォール型の開発プロセスの概要は**図表5-7**のように整理できます。

財務諸表監査およびSOX監査の文脈では開発段階における内部統制が主たる評価対象となりますが，関連するリスクを正しく把握するためには，起案から利用開始までの一連の流れを理解することが重要です。

▶ **図表5-7　ウォーターフォール型の開発プロセス**

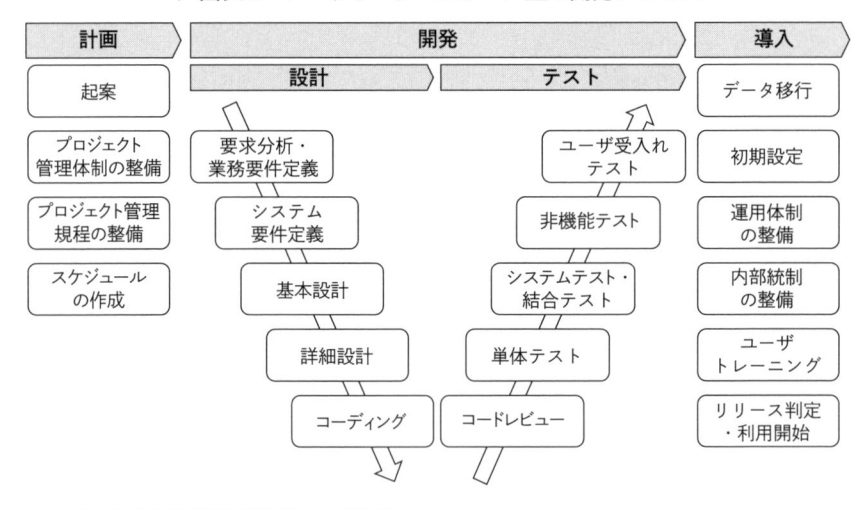

32　パッケージシステムなどを利用せず，ゼロからシステムを構築するものを指します。

33　要件定義を終えてから設計を開始し，設計を終えてから実装を開始するような，前段のプロセスの完了をもって次工程を開始する開発手法を指します。財務情報などのデータを記録することが主目的のシステム（SoR：System of Record）では，要件を事前に明確にするウォーターフォール型の開発が適合する傾向にあります。これに対し，ユーザからのフィードバックを得ながらシステムの改善を短期間に繰り返して顧客体験を改善することが求められるシステム（SoE：System of Engagement）では，必要最低限の機能から順に実装していくアジャイル開発が有効な開発手法になります。

　まず，計画段階の理解を通じて後続のプロセスを評価するうえで必要となる前提情報を入手することができます。具体的な確認事項としては**図表5-8**に示したような観点が挙げられます。

▶ **図表5-8　計画段階の各ステップの理解**

プロセス	証跡例	監査上の観点
起案	プロジェクト計画書	システムの導入により影響を受ける業務プロセスや関係部門を確認できます。 また，クラウドサービスの利用が計画されている場合，SOC 1 Type 2 レポートを入手可能であることを確認する必要があります。(5.9「外部委託先における統制活動の評価」参照)
プロジェクト管理体制の整備	プロジェクト体制図	後続のプロセスにて承認者となるユーザ部門責任者およびIT部門責任者を確認できます。 また，リスク管理部門や内部監査室が体制に組み込まれていない場合には，システム導入後に求められる内部統制の検討状況について内部監査人も巻き込みながら確認することが望まれます。
プロジェクト管理規程の整備	プロジェクト管理規程	開発段階に関して，各ステップの完了判定基準やテスト計画，会議体の定義，課題管理の方法などを確認することで，財務報告の信頼性を担保する観点から重要な統制活動や利用可能な監査証跡を把握し，監査計画や具体的な評価手続に反映します。
スケジュールの作成	マスタスケジュール	システムが稼働開始するタイミングや新旧システムの並行稼働期間などを確認します。旧システムにも監査上の重要性がある場合には新旧システムをそれぞれ評価する必要があるため，旧システムの稼働終了と新システムの稼働開始のタイミングを踏まえて監査計画を策定する必要があります。

　なお，開発プロジェクトが複数年にわたる場合，財務報告への影響という観点からは，システムの利用を開始する会計年度に過去にさかのぼって全てのプロセスを評価することも，完了したプロセスについては完了した会計年度中に評価することも可能です。したがって，発見事項の早期共有によるプロセス改善の効果と各期の評価に要する監査対応の負荷のバランスを考慮して評価のタイミングを調整することが求められます。

　監査における評価観点を確認する前に，まずは開発段階の全体像を確認しましょう。開発段階は設計工程とテスト工程の二段階から構成されます。設計工程では，まずシステムに必要な要件が整理され，要件に沿って設計・開発が行われます。その後のテスト工程では，開発された成果物に実装された機能が確かに要件や設計と合致していることのテストが行われます。**図表 5 - 7** の開発段階において同じ高さに配置されている項目が設計とそれに対応するテストであり，設計段階で定義した内容が実装されていることを網羅的に検証するプロセスになっています。

　開発段階を構成する各ステップの概要を整理すると**図表 5 - 9** のようになります。なお，設計工程の各ステップとテスト工程の各ステップの対応には明確な定義があるわけではないため，実際に評価を行う際には各プロジェクトが設計とテストの対応関係をどのように定義しているのかを事前に確認する必要があります。

▶ **図表 5 - 9　開発段階における設計とテスト**

設計/テスト	概要
要求分析・業務要件定義/ユーザ受入れテスト	要求分析・業務要件定義では，業務プロセスを踏まえて業務上必要な機能（機能要件）を定義します。この時，業務処理だけではなく内部統制上必要となる機能も含めることが重要です。対応するテストはユーザ受入れテスト（UAT：User Acceptance Test）であり，業務ユーザの視点から必要な機能が業務要件の通りに実装されていることを検証します。いずれも，業務に対する理解が重要であるため，業務プロセスの主管者である業務部門が主たる責任者となることが一般的です。

システム要件定義/ 非機能テスト	システム要件定義では，業務上必要な機能（機能要件）以外の要件（非機能要件）を定義します。具体的には，システムのレスポンスの速さや冗長性の確保など，情報セキュリティを担保するための項目が挙げられます。 対応するテストとしてはパフォーマンステストやセキュリティテスト（脆弱性検査など）が挙げられ，開発されたシステムが非機能要件の要求を満たしていることを検証します。 いずれも，ITに関する技術的な理解が重要であるため，IT部門が主たる責任者となることが一般的です。なお，開発を外部ベンダーに委託しており外部委託先が設計・テストを主導する場合でも，最終的な判断は委託元の責任として委託元のIT部門責任者が下すことが求められます（以降のテストでも同様です）。
基本設計/ システムテスト・結合テスト	基本設計では，要件定義で定めた機能・非機能要件に基づいて開発対象の機能を具体化します。具体的なアウトプットとしては，システム構成図や運用設計書，機能一覧や画面レイアウトなどが作成されます。 対応するテストとしては結合テスト（IT：Integration Test）とシステムテスト（ST：System Test）が挙げられます。結合テストでは単体テストを終えた複数のプログラムを組み合わせた際の動作を，システムテストでは全ての機能が完成したのちにシステム全体が要件に準拠して動作することを検証します。
詳細設計/ 単体テスト	詳細設計では，実際にプログラムを作成するために必要となる詳細な実装方法を基本設計に基づいて定義します。具体的には，状態遷移図やデータベース設計書，バッチ処理詳細定義書などが作成されます。 対応するテストは単体テスト（UT：Unit Test）であり，最小単位の機能ごとに動作を検証します（何をもって最小単位とするかはテストの費用対効果に鑑みてプロジェクトごとに決定されます）。
コーディング/ コードレビュー	開発担当者は詳細設計に基づいてプログラムを作成します。 コードレビューでは，ソースコードの作成者ではない担当者がコードをチェックし，プログラムを実際には動かさずに誤りや改善点を検証します。

　プロジェクト監査やシステム監査（任意監査）であれば各段階の設計やテストの状況を細やかに評価することも選択肢となりますが，財務諸表監査やSOX監査の文脈においては，特に重要な節目に焦点をあてて評価を行うことが一般的です。どの項目を重要とするかは監査人の判断によりますが，一般的に評価対象とされることの多い項目を**図表5-10**に例示します。

▶ **図表5-10　開発段階の評価手続**

評価項目	評価理由・評価観点
要求分析・業務要件定義	ユーザ部門による要件定義への関与が不十分な場合，業務プロセスとシステムの機能が乖離し，業務上必要な機能がシステムに実装されないリスクが高くなります。 監査人が実施する具体的な評価手続としては，次のような観点からの確認が挙げられます。 ・要求分析・業務要件定義の結果が文書として記録され，プロジェクトで共有されていること。 ・ユーザ部門責任者（プロジェクトオーナー）が要求分析・業務要件定義の成果物を承認していること。 また，承認の実効性を評価するうえで，業務プロセスに対する要件定義の網羅性を責任者としてどのように確かめたのかを質問などの手続によって確認することも有効です。
システムテスト	技術的な観点からのテストが不足している場合，システム利用開始後に重大な障害が生じるリスクや処理の誤りが見つかるリスクが高くなります。システムが要件を満たして動作することの最終的な検証であることから，ITの観点から重要なテストとしてシステムテストを評価対象とすることが一般的です。監査人が必要と判断した場合には，前段のテスト（セキュリティテストや結合テストなど）も評価対象にすることも考えられます。 監査人が実施する具体的な評価手続としては，次のような観点からの確認が挙げられます。 ・テスト結果が文書として記録されていること。 ・テストにおいて検出されたエラーが全て解消されていること。

	・未解消のエラーがある場合は残課題として管理され，解消まで追跡される仕組みが整っていること。また，未解消のエラーがシステムの安定稼働を直ちに阻害しないこと，システム利用開始前に解消される見込みであることが確認されていること。 ・IT部門責任者がテスト結果および残課題への対応方針を承認していること。 また，承認の実効性を評価するうえで，システム要件定義や基本設計に対するテスト項目の網羅性を責任者としてどのように確かめたのかを質問などの手続によって確認することも有効です。
ユーザ受入れテスト	ユーザ目線での機能検証が不足している場合，実装された各機能が業務要件を満たしていないことを検知できないリスクが高くなります。 監査人が実施する具体的な評価手続としては，次のような観点からの確認が挙げられます。 ・テスト結果が文書として記録されていること。 ・テストにおいて検出されたエラーが全て解消されていること。 ・未解消のエラーがある場合は残課題として管理され，解消まで追跡される仕組みが整っていること。また，未解消のエラーが業務遂行に直ちに影響を与えないか，システム利用開始前に解消される見込みであることが確認されていること。 ・ユーザ部門責任者（プロジェクトオーナー）がテスト結果および残課題への対応方針を承認していること。 また，承認の実効性を評価するうえで，業務要件定義に対するテスト項目の網羅性を責任者としてどのように確かめたのかを質問などの手続によって確認することも有効です。

　導入段階においてはシステムを実際に利用するための準備が行われます。**図表5-7**では開発段階の次の段階として図示していますが，実際には開発と並行して準備が進められることもあるため，プロジェクトごとにタイミングを確認する必要があります。

　財務諸表監査およびSOX監査の観点からは，導入段階における**図表5-11**に示したような項目が重要になると考えられます。

▶図表5-11　導入段階の評価手続

評価項目	評価観点
データ移行	旧システムからのデータ移行がある場合，旧システム上のデータを正確かつ網羅的に新システムに移行する必要があります。データの脱漏やデータ変換時のエラーを予防するために，データ移行のリハーサルが行われることも一般的です。 監査人が実施する具体的な評価手続としては，次のような観点からの確認が挙げられます。 ・リハーサルが行われ，課題が識別された場合には解消されていること。また，本番作業に着手する前に，リハーサルの結果および本番作業の開始をIT部門責任者が承認していること。 ・本番環境におけるデータ移行の結果が記録され，移行前後のデータの比較などにより正確かつ網羅的にデータが移行されたことが確認されていること。また，検証結果をIT部門責任者が承認していること。
初期設定	システム利用開始時にユーザアカウントや重要なマスタデータが一括で登録される場合，登録内容の妥当性を事前に検証する必要があります。 また，デフォルト特権アカウントが存在する場合，システムの利用開始前に初期パスワードを公知のものから変更しておくことも必要です。 監査人が実施する具体的な評価手続としては，次のような観点からの確認が挙げられます。 ・ユーザアカウントや重要なマスタデータの一括登録において，登録内容がユーザ部門責任者によって事前に承認されていること。また，実際に登録された内容に間違いがないことがレビューされ，ユーザ部門責任者によって承認されていること。 ・公知のパスワードが設定されているデフォルトアカウントについて，システムの利用開始前にパスワードを変更して

	いること。また，業務分掌上認められたユーザのみが変更後のパスワードを把握していること。
運用体制・内部統制の整備	システムの運用体制や内部統制は，システム利用開始前に整備されている必要があります。 統制活動の評価というよりも具体的な統制活動の前提になる IT 環境の理解に近い手続になりますが，監査人が実施する具体的な評価手続としては，次のような観点からの確認が挙げられます。 ・新旧システムが並行稼働する場合，旧システムの廃止と新システムへの統合のプロセスが整備されていること。 ・システムの保守・運用体制および内部統制，運用手順などの管理手続が整備されていること。 ・稼働開始直後のハイパーケア期間において通常の内部統制とは異なるプロセスで保守・運用を行う場合，ハイパーケア期間中においても財務報告に係る内部統制が十分な水準で整備されていること（監査人は，ハイパーケア期間の完了前後で母集団を分けて評価することになります）。
ユーザトレーニング	新規リリースされたシステムやモジュールの利用開始時には，システムを利用した業務を円滑に実施できるよう，業務ユーザならびに保守・運用チームに対するトレーニングや，ユーザマニュアル，保守運用マニュアルの整備が必要です。 こうした取り組みの実施状況が IT 全般統制の評価における検証項目に含まれることは通常ありませんが，IT 環境の理解の一環として対応状況を確認することが望まれます（**図表 5 - 3** 参照）。
リリース判定	リリース判定では，システムの利用を開始する前の最終チェックとして，必要な事前の対応が全て完了していることをユーザ部門責任者と IT 部門責任者が確認します。 監査人が実施する具体的な評価手続としては，次のような観点からの確認が挙げられます。 ・各種テストやデータ移行，保守・運用体制の整備など，システム利用開始前に完了すべき事項が全て完了していること。 ・システム利用開始後に解消予定の残課題が一覧化され，解消まで追跡される仕組みが整っていること。

| | ・残課題がシステムの安定稼働や業務の遂行を直ちに阻害しないことを，各責任者が確認していること。
・ユーザ部門責任者およびIT部門責任者がシステムの利用開始を承認していること。 |

■ パッケージシステムを導入する場合

　システム開発を行わず，パッケージシステムやSaaSアプリケーションのような完成済みのシステムをカスタマイズせずに導入する場合，開発段階については サービス提供者側ですでに完了しています。このため，監査上確認すべき事項はスクラッチ開発の場合に比べて限定的になります。計画・開発段階の各項目はサービス選定の過程で包括的に対応され，導入段階についてはスクラッチ開発の場合と同じ観点での評価が求められます。サービス選定に関する評価観点としては**図表5-12**のようなものが挙げられます。

▶ **図表5-12　サービス選定段階の評価**

評価項目	評価観点
サービス選定	パッケージやサービスプロバイダを選定するにあたって，ユーザ企業は業務要件を満たす機能が提供されていること[34]や提供されるサービスの品質が信頼に足るものであることを確認する必要があります。 また，自社環境にパッケージをインストールするのではなく，サービス提供者の環境にリモートアクセスしてシステムを利用する場合には，SOC 1 Type 2 レポートの取得やベンダーへの往査等により監査証拠を入手可能であることを事前に確認し，可監査性を確保することが重要です。 監査人が実施する具体的な評価手続としては，次のような観点からの確認が挙げられます。 ・システムの機能や導入後のサポートが業務要件を満たしていることが確認され，ユーザ部門責任者により承認されていること。 ・導入予定のシステムが全社の情報セキュリティポリシーなどに定めるセキュリティ要件を満たしていることが確認さ

	れ，IT部門責任者により承認されていること。 ・SOC 1 Type 2 レポートの取得や直接の往査によって監査証拠を入手可能であること。 また，導入されるサービスやサービスプロバイダの評判，導入実績や不具合の発生状況を調査することもIT環境を理解するうえで有用です。

　なお，パッケージシステムの一部機能をカスタマイズして利用するような場合には，スクラッチ開発の評価観点とパッケージシステム導入時の評価観点の双方を考慮することが求められます。

■ サーバーリプレイス・インフラ変更の場合

　耐用年数を超過した機器の利用は重大な障害やデータの消失などを引き起こして継続的な業務の遂行を脅かすリスクがあります。また，サポート期間を過ぎたバージョンのOSやミドルウェアを利用している環境ではサイバー攻撃を受けるリスクが高くなります。したがって，業務要件に変更が発生していない場合であっても，サーバーの老朽化やソフトウェアのサポート期間の終了などへの対応として，サーバーリプレイスやOS・ミドルウェアなどのアップデートが必要になります。

　このような，業務プロセスの変更を伴わない保守目的の開発案件においては，変更の内容に応じて財務報告の信頼性に関連するリスクを特定することが重要です。例えば，ハードウェアの交換のみであればデータやプログラムを移行する際の正確性と網羅性が主たるリスクとして挙げられますが，オンプレミスからクラウド基盤への切り替えが予定されているような場合には前述のサービス選定に係る観点も検討しなければなりません。また，OSやミドルウェアの更新に伴いプログラムの改修が必要になる場合は，スクラッチ開発の項で紹介した各種テストを通じて改修後の挙動を事前に確認する必要があります。

34　一般に，パッケージシステムを利用する場合は利用可能な機能にあわせて業務プロセスを見直す必要が生じます。ここでいう「業務要件を満たす」とは，既存のプロセスに合致することを意味するのではなく，ビジネスや業務の目的を達成するうえで必要となる機能をシステムが提供できるということを意味しています。

128

監査においては，すでに紹介した評価観点の中から変更に伴うリスクに関連するものを特定して監査手続を構築することになりますが，サーバーリプレイスやストレージの交換により旧基盤での情報を入手できなくなる可能性がある場合には，監査証跡を保全するための対応も必要になります。

財務諸表監査の完了まで旧基盤を保全しておくことが理想的ですが，維持費などの関係からそうした対応が難しい場合には，監査上重要な情報のバックアップを取得したうえで旧基盤を廃棄することになります。必要な証跡は監査手続によって異なるため監査人と被監査人が事前によく協議することが重要ですが，特にIT統制の評価の観点から保全が必要な情報の例としては**図表5-13**のようなものが挙げられます。

▶ **図表5-13　旧基盤上の証跡の保全**

保全する証跡	用途
利用終了時点のアカウント・権限の一覧	アクセス制限のIT全般統制を評価する中で，母集団資料や最終ログイン日の確認に利用されることが想定されます。
利用終了時点の重要な設定値	ITへの依拠として識別されている設定値やパスワードポリシーのような設定値が年間を通じて変更されていないことを確認するために，新旧基盤の両方から証跡を取得することが想定されます。
利用終了時点のタイムスタンプ（プログラム・ジョブ）	ITへの依拠に関連するプログラムやジョブについては，年間を通じて変更が発生していないことを確認するためにタイムスタンプを取得することが想定されます。特に基盤の入れ替えに伴いタイムスタンプが更新されてしまう場合，旧基盤利用終了時点での情報が重要になります。同様に，パスワードポリシーなどのタイムスタンプが記録されない重要なコンフィグレーションがある場合には，利用終了時点でのスナップショットを個別に取得することが望まれます。
OS, DBMSのログ（ログインログ・操作ログ）	新基盤への移行に伴い過去のログが引き継がれない場合，モニタリング統制の評価で再実施の手続に利用する元データ（未加工のログ）が入手できなくなることが懸念されます。また，IT全般統制の不備が検知された場合には，ログの調査により影響範囲を調査することも想定されるため，監査対象期間中のログは監査終了まで保全しておくことが

> 求められます（移行に伴いアプリケーションのログも失わ
> れる場合，それらも保全の対象になります）。

Column

アジャイル開発と財務諸表監査

　開発単位を小さく分割して開発とテストを短いサイクルで繰り返す開発手法を
アジャイル開発といいます。アジャイル開発では業務上の必要性の高い機能から
順に開発し，ユーザからのフィードバックを得ながら機能の改善や追加を進める
ことになります。

　財務報告に関連するシステムでアジャイル開発が採用されることはあまり多く
はありませんが，こうした開発手法がとられている場合においても，各開発単位
におけるテストの実施状況や導入準備の状況を評価することで財務諸表監査のな
かで開発プロセスを評価することは十分に可能です。

　しかしながら，アジャイル開発ではその性質上，システムの利用開始後も変更
が多数発生することが想定されます。つまり，システムが IT 全般統制の評価対象
として識別された理由である IT への依拠を処理するプログラムにも改修が加わる
可能性が，ウォーターフォール型で開発されたシステムよりも高いと考えられま
す。期中にプログラムが更新された場合，IT 全般統制が有効であったとしても期
中を通じた処理の一貫性を 1 件テストでは評価できなくなり，追加的な監査対
応が必要になります。

　したがって，内部統制上重要なプログラムについては処理を独立させてなるべ
く改修を加えなくて済むようにするなど，内部統制や監査対応の観点もシステム
の設計に反映させておくことが重要になります。

　また，アジャイル開発においては設計書類や承認記録の文書化に先行して機能
を実装することも想定されるため，プロジェクトの早い段階から内外監査人も関
与し，監査証跡をどのように収集するのかプロジェクトチームと事前に合意して
おくことが望まれます。

5.5　プログラム変更管理プロセス

■ プログラム変更管理のプロセス

業務要件の変更や不具合の修正に伴うプログラム変更は，基本的には開発プ

ロセスにおける開発段階（設計・テスト）と同様のプロセスで進められます。すなわち，要件定義がまず行われ，要件の通りに改修が行われていることを各種テストで検証し，全ての準備が完了した段階で本番環境に変更を適用するという流れになります。

　財務報告に係る内部統制という文脈におけるプログラム変更管理プロセスの統制目的は，業務要件にそぐわない変更や検証が不十分な変更が本番環境に加えられることでデータの完全性や可用性が損なわれることを予防することです。したがって，内部統制の評価にあたっては，未承認もしくは検証が不十分な変更が本番環境に加えられるリスクを十分に低減できていることを検証することになります。

　リスクの所在を理解するためには変更管理プロセスを正確に把握することが必要です。チケット管理ツールやバージョン管理ツールが利用されている場合，それらの役割も含めてプロセス全体を把握することが重要になります。**図表5-14**を例に，アプリケーションレイヤにおけるプログラム変更管理の流れと監査における評価観点を確認しましょう。

　この例では，依頼内容やテスト結果，各段階における承認の情報は全てチケット管理ツール上に記録されています。したがって，プログラムの改修から

▶ **図表5-14　プログラム変更管理プロセスの概観**

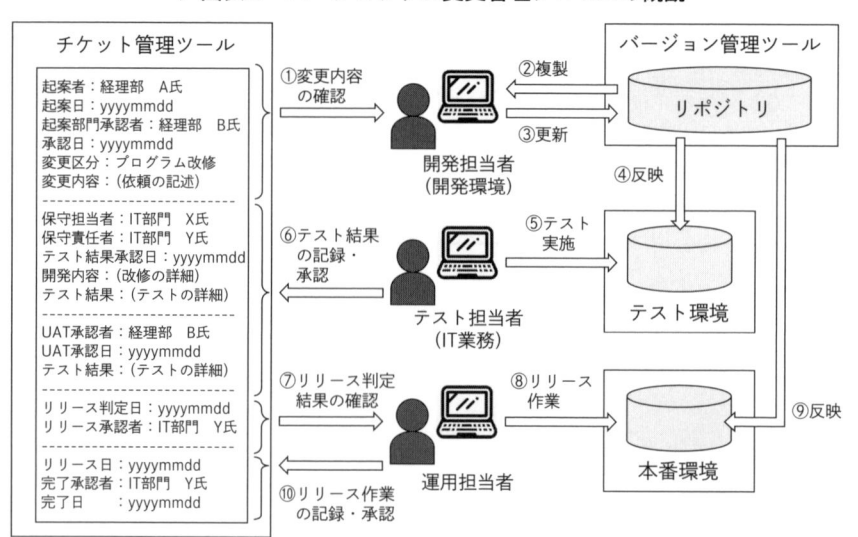

本番環境の更新までの流れとチケット管理ツール上の記録の対応関係を理解することが重要です（**図表 5 -14の左側**）。また，改修の過程で本番環境に望ましくない変更が加わらないようなプロセスとなっていることもあわせて確認する必要があります（**図表 5 -14の右側**）。図中のプロセスの概要は**図表 5 -15**の通りです。

▶ **図表 5 -15　プログラム変更管理プロセスの詳細**

プロセス（#）	概要
起案（①）	変更依頼の内容が業務上もしくは保守・運用上必要なものであることが確認される必要があります。一般的には，起案者の上長が必要性を判断して変更案件を承認することになります（開発プロセスにおける要件定義に相当します）。
改修（②③）	開発担当者は承認された変更依頼の内容を確認して改修内容を設計し，最新のプログラムを開発環境に複製して開発作業を行います。作業完了後，更新済みのプログラムをバージョン管理ツールに反映してテスト担当者に通知します。
テストの実施・記録・承認（④⑤⑥）	IT部門のテスト担当者は改修内容に対応するテストを設計し，更新されたプログラムをテスト環境に反映して動作を確認します。テスト担当者には改修を担当した開発者ではない人物を割り当てることで，自己レビューにならないようにする必要があります。 テスト完了後，テスト担当者は結果を証跡とともにチケット管理ツールに記録してテストの完了を報告します。IT部門責任者（もしくはチームリーダーなど承認権限を付与された人物）は全てのテスト項目がパスされていることを確認し，テスト結果を承認します。 起案部門がIT部門ではない場合，IT部門によるテストの後，改修内容が業務要件を満たしていることを起案部門がUATで確認します。UATについても，テスト結果をチケット管理ツールに記録して起案部門責任者（もしくはその他の承認権限を付与された人物）が結果を承認します。
リリース判定（⑦）	必要なテストが全て完了していること，リリース手順書が作成されていること，切り戻し（ロールバック）の手順が策定されていることなど，リリース準備が整っていること

	を確認し，改修済みのプログラムを本番環境に適用することをIT部門責任者が承認します。
本番環境の更新（⑧⑨）	テストを終えた改修済みのプログラムを，リリース手順書に従って本番環境に適用します。リリース作業は通常運用担当者が実施しますが，開発担当と運用担当の職務分掌が成立していない場合は，２人以上でリリース作業を実施するなどの代替的な対応が行われます。
案件の完了（⑩）	リリース実施者は作業記録をチケット管理ツールに記録し，本番作業の完了を報告します。IT部門責任者は手順書の通りに作業が実施されたことを確認して案件の完了を承認します。

■ プログラム変更管理の内部統制と評価観点

　プログラム変更管理プロセスに内部統制が全く存在しない状態を「変更依頼者が直接本番環境を更新するような状態」だとすれば，前節で例示した一連のプロセスの中にはすでに本番環境を保護するための統制活動が多く含まれています。したがって，ここまでに確認したプロセスをリスクと内部統制の観点から改めて見直すことで監査における評価観点も明確になります。

　評価観点の詳細を確認する前に，内部統制の２つの区分[35]を確認しましょう。「本番環境に変更を加える」というリスクを伴う行為の前にテストや承認を要求するような，リスクを事前に低減させる統制を予防的統制といいます。これに対して，実際に発生した本番環境の変更を調査して，不正な変更が混入していないことを事後的に検証するような統制を発見的統制といいます。

　発見的統制は予防的統制で未然に防止できず顕在化してしまったリスクを事後的に検知して速やかに是正するために導入されます。こうした特徴から，発見的統制は業務プロセスを上から順に追っていく流れの中では識別されません。

このため，ウォークスルーの際にプロセスの流れとは別に整備状況を確認する必要がある点に注意が必要です。

　では，**図表 5 -14**のプロセスと関連付けながら，プログラム変更管理プロセスにおける内部統制と標準的な評価観点を確認しましょう。

▶ **図表 5 -16　プログラム変更管理プロセスの統制活動と評価観点**

統制活動（#）	評価観点
予防 起案承認（①）	業務上または保守運用上の必要性のない変更が加えられるリスクへの対応として，起案者の上長が変更の実施を承認していることを確かめます。 不具合やバグの改修ではなく業務要件の変更に伴う改修がIT部門から起票されている場合，IT部門担当者がチケットを代理起票していることも想定されるため，変更内容と起案部門の関係性が妥当であることもあわせて確認する必要があります。代理起票の場合，本来の起案者の上長による承認記録を確認するなどの追加的な対応が必要になります。
予防 テストの結果の承認 （④⑤⑥）	業務要件を満たさないプログラムや不具合を含んだプログラムが本番環境にリリースされるリスクへの対応として，IT部門と起案部門によるテスト（ITテストとUAT）のそれぞれについて次の事項を確かめます。 ・全てのテスト項目をパスしていること。 ・適切な承認者がテスト結果を承認していること。 ・テスターによる自己承認ではないこと。 ・承認がリリース実施よりも前であること。 また，変更対象のプログラムの周辺機能として内部統制上重要な他の機能が実装されている場合には，新規の変更が他の機能に悪影響を及ぼさないことを確認するリグレッションテストの実施状況を評価対象に含めることも選択肢になります。 なお，特に規模の大きな組織においては，全ての変更案件について部門責任者の承認を求めることは必ずしも現実的ではありません。業務の効率性を維持するために承認権限が委譲されている場合は，職務分掌規程や委任状の閲覧によって承認者の適切性を確かめることが求められます。

予防 リリース承認（⑦）	十分な検証をされていないプログラムがリリースされるリスクや本番作業の誤りによって障害が生じるリスクなどへの対応として，リリース準備の完了をIT部門責任者がリリース実施より前に承認していることを確かめます。 また，変更の規模が大きい場合，切り戻し（ロールバック）の手続が策定され，変更適用後に本番環境で不具合が生じた場合に変更前の状態まで復旧できるように備えられていることを確認することも選択肢になります。 定期的に必要になる定型化された作業の場合，標準的なリリース手順書が整備されておりテストが完了すれば直ちにリリース可能となることもあります。そのような場合には，テスト結果の承認に加えてリリース判定が必要なものと不要なものの区別が明確化されていることを確かめるとともに，必要に応じて母集団を分けて評価することが求められます。
予防 完了承認（⑩）	本番環境での作業ミスが看過され障害の原因となるリスクへの対応として，リリース手順書の通りに作業が実施されたことをIT部門責任者が確認し，案件の完了を承認していることを確かめます。
予防 緊急変更 （①④⑤⑥⑦⑩）	障害対応の一環でプログラムの改修が必要な場合など，緊急性の高い変更案件についてはチケットの作成などの事務手続を省略して口頭承認のみで対応することも想定されます。内部統制がバイパスされて起案から完了承認までの一連のプロセスに係るリスクが十分な水準まで低減されないリスクへの対応として，監査人は次のような事項を確かめます。 ・緊急案件用の変更管理プロセスが整備されていること。 ・緊急案件用のプロセスを適用する基準が明確化されていること。 ・緊急案件においても，テストや作業の結果および各段階における承認の記録が保管されていること（口頭承認の事後的な追認の記録を含む）。 また，監査人は緊急案件と通常案件の変更管理プロセスの差異を評価し，必要に応じて母集団を分けてそれぞれ十分なサンプル数を評価することが求められます。

予防 環境分離 (②③④⑤⑧⑨)	開発やテストの過程で本番環境のデータやプログラムに意図しない変更が加えられるリスクへの対応として，本番環境が開発環境およびテスト環境から分離されていることを確かめます。 環境が分離されていない場合，開発やテストの過程で本番環境をどのように保護しているのかを理解したうえで，サンプルを評価する際に本番環境の保護状況も評価するなどの追加手続が求められます。
予防 職務分掌 (②③⑤⑧)	各種テストやリリース前承認などの内部統制をバイパスして直接本番環境が更新されるリスクへの対応として，開発担当と運用担当が分離されていること，開発担当者による本番環境へのアクセスが禁止されていることを確かめます。 人員の制約などから職務分掌が成立していない場合，次のような項目を評価することによって本番環境の保護状況を評価することが考えられます。 ・各種テストが本番環境ではなくテスト環境で実施されていること。 ・プログラムタイムスタンプのモニタリングにより，リリースを承認されたプログラムのみが更新されていることが定期的に確認されていること。 ・アクセスログのモニタリングにより，正規の作業依頼に基づかない本番環境へのアクセスが生じていないことが定期的に確認されていること。 また，元開発担当者が運用担当者である場合など，ソースコードやデータベースの設計を十分に理解しており独力で変更を加えるスキルを有する人物が運用担当者である場合にも，上記のような項目を補完的統制もしくは代替的統制として評価することを検討する必要があります[36]。

---

[36] 開発スキルを有する人物が本番環境にアクセスできる状況においては，業務と IT の職務分掌が成立しており開発担当者に不正の動機がない場合であっても，自分が開発した処理の不具合を見つけた場合やユーザ部門から個別に急ぎの改修の相談を受けた場合などに，善意から本番環境を直接更新してしまうリスクがあります。部門間の関係性や組織文化，内部統制に対する理解の浸透具合などを考慮してリスクを判断することが求められます。

発見 モニタリング	予防的統制をバイパスした変更が生じているリスクへの対応として，本番環境に加えられた変更が全て承認されたものであることが事後的に検証されていることを確かめます。モニタリングの方法にはタイムスタンプの確認やアクセスログのレビューなど様々なものがありますが，具体的な評価項目としては次のようなものが挙げられます。 ・モニタリング対象の情報（タイムスタンプやログ）が，実際に本番環境に加えられた変更を網羅的に含んでいること。 ・モニタリング対象の情報が不正な変更から保護されていること。 ・モニタリング対象の情報が正確かつ網羅的にシステムから取得され，レビュー用に加工する過程でデータの欠損が生じていないこと。 ・モニタリングの実施者は本番環境へのアクセス権を有していないこと（自己レビューの防止） ・全てのアクセスや変更が，変更依頼チケットなど作業の正当性を支持する情報に紐付けられていること，紐づかないものについて調査が行われていること。 ・責任者が上記の観点を含めてモニタリング結果をレビューし，承認していること。
予防 承認の信頼性の担保 （①⑥⑦⑩）	チケット管理ツールにおいて承認者のアカウントが不正に利用されると，なりすましによる不正な承認が行われるリスクがあります。また，手作業で承認日が入力される場合，実際には事後承認であったとしても，リリース前に各種承認が行われていたかのように記録することも可能になります。 これらのリスクへの対応として，チケット管理ツールに関して次のような項目を確かめます。 ・承認者の情報がツールのユーザアカウント情報に基づいて自動で記録されること。 ・ツールのアカウントが1人につき1つずつ付与されており，不正ログインによるなりすましを予防するうえで十分な強度のパスワードが設定されていること。 ・承認操作により承認日の情報が自動で入力されること（手作業で承認日が入力される場合，実際に承認が行われたタイミングを確認できる補完的な監査証跡を入手する）。

　ここで紹介した内部統制と評価手続はあくまで一般的な例示にすぎません。リスクの所在はプロセスによって異なるため，実際の評価にあたっては「本番環境を保護する」という観点からリスクを評価し，リスク対応として必要十分な統制を識別して評価することが重要です。

⌐ Column ⌐

発見的統制は予防的統制を代替できるか

　発見的統制は予防的統制によって対応されなかったリスクの有無を定期的に検証する統制であるため，定義的に予防的統制に対する補完的統制としての性質を持つと考えられます。

　では，プログラムタイムスタンプの定期的なモニタリングにおいて，変更管理チケットと紐づかない更新が検知されると変更の経緯が追跡調査され，検証や承認の不足があれば事後的に対応がなされるようなプロセスとなっている場合，発見的統制であるモニタリングのみを評価すれば予防的統制の評価は不要であるといえるでしょうか。

　この問いに対する答えはモニタリングの中でどの程度の詳細を調査しているかによって変わります。例えば，タイムスタンプの更新が変更管理チケットに紐づくかどうかのみを確認している場合，IT テストや UAT が省略されていたとしてもモニタリングの過程で検知されることはありません。したがって，変更管理に関連するリスクを低減するためには予防的統制の有効性が重要であり，監査人は予防的統制と発見的統制の両方を評価しなければならないと考えられます。

　一方で，モニタリングの中でチケットの詳細まで精査し，何か不足があれば事後的に対応しているような場合，仮に予防的統制に不備があったとしてもモニタリングの中で是正される仕組みになっており，少なくともモニタリング完了時点で変更管理のリスクは低減された状態になると考えられます。このような場合，変更の発生頻度とモニタリングの実施頻度次第ではありますが，発見的統制は予防的統制の代替的統制になりえると考えられます。

　多くの場合，発見的統制は予防的統制と組み合わせて効果を発揮するようにデザインされていますが，まずはそれぞれが低減するリスクの範囲を正確に理解して，重なる部分と重ならない部分を明確にすることが重要です。

■ プログラム変更管理の範囲

前節まででではアプリケーションレイヤにおける変更管理を例にプロセス・リスク・評価観点を確認しました。しかしながら，実際の処理はユーザが利用するアプリケーションだけで完結しているとは限らず，DBMSに設置されたストアドプロシージャ[37]やバッチ処理を実行するスクリプトとの組み合わせによって動作していることがあります（**図表5-17**）。そのような場合には，各レイヤにおけるプログラムの変更管理を前節で紹介したものと同様の観点で評価することが求められます（本書ではOSやDBMSのバージョンアップ，物理基盤の更改をプログラム開発管理に分類していますが，変更管理に分類して評価する場合はそれらもあわせて検討する必要があります）。

変更起案からリリースまでの一連のプロセスがレイヤごとに異なる場合，それぞれについて変更管理の母集団を取得して十分な数のサンプルを評価する必要があります。一方で，内部統制は共通しているもののバージョン管理ツールや本番環境へのリリース手順のみが異なるような場合には，それぞれのレイヤについて取得した母集団を束ねて，全体を同質のプロセスと見なして評価することも選択肢となります（**5.2**「IT環境の理解とIT全般統制の評価単位」参照）。

▶ **図表5-17　プログラム変更管理の範囲**

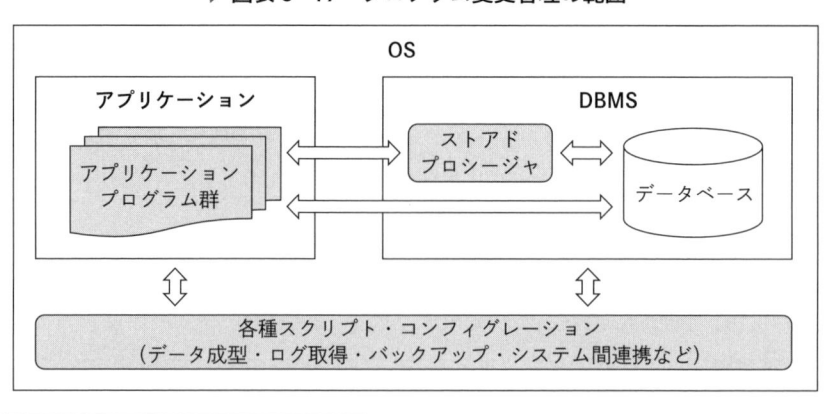

37　DBMS（データベース管理システム）上に保管されるプログラムで，データベースに対する一連の処理命令を実行します。複数の処理に共通するSQLをデータベース側に実装することでアプリケーションの冗長化を防ぐ，複数処理を束ねることでシステムへの負荷を軽減するなどの目的で実装されます。

■ プログラム変更管理の母集団

　発見的統制は通常定期的に実施されるため，評価にあたっての母集団は暦上の月や週となると考えられます。一方で，予防的統制は変更案件の発生の都度実施されるため，実際に発生した変更を母集団にして評価する必要があります。

　代表的な母集団資料としては変更管理チケット一覧，リリースログ，本番環境へのアクセスログ，タイムスタンプの一覧などが挙げられます。変更管理チケット一覧のような内部統制の起点において生成される情報を「順進の母集団」，ログやタイムスタンプのような実際の変更実績を表す情報を「逆進の母集団」と呼びます。

　逆進の母集団を利用する場合は定義的に実際に発生した変更が網羅されます。一方で，順進の母集団を利用する場合は，正規の内部統制をバイパスして本番環境に適用された変更が母集団に含まれていないリスクがある点を考慮する必要があります。母集団資料の具体例と留意点は**図表5-18**の通りです。

▶ **図表5-18　変更管理（予防的統制）評価の母集団資料**

母集団資料	留意点
順進 変更管理チケット一覧	モニタリングの統制や本番環境へのアクセス制限の統制が有効であるなど，変更管理チケットを起票せずに変更を加えることが困難であることを監査手続の中で評価している場合，順進の母集団を利用することが可能です。 チケット管理ツール上の案件にはプログラムの変更を伴わない問い合わせや対応中案件も含まれていることが一般的なため，評価対象とすべき案件（変更がすでに本番環境に適用されている案件）をどのように特定するかが論点となります。 変更案件の種類を分類するカテゴリやステータスを評価対象案件の絞り込みに利用する場合，各区分が表す性質や状態を正確に把握するとともに，正しい区分が割り当てられていることを検証する必要があります。 また，プログラムモニタリングの統制で変更管理チケットに紐づかない変更が検知されている場合や，開発環境と本番環境の分離や開発担当者と運用担当者の職務分掌が成立

	しておらず予防的統制がバイパスされるリスクが高い環境である場合には，順進ではなく逆進の母集団を利用することで母集団の網羅性を確保することが望まれます。
逆進 リリースログ	バージョン管理ツールなどの標準機能で本番環境へのリリース履歴を出力可能な場合，変更実績の一覧としてリリースログを利用できると考えられます。ただし，変更管理チケット利用時と同様に，ツールをバイパスして本番環境が直接変更されるリスクが高い環境では，母集団資料の網羅性を担保するための追加的な手続が求められる点には留意が必要です。 なお，リリース履歴が標準機能ではなくカスタマイズにより実装されている場合には，リリース履歴を監査手続で利用するキーレポートとして識別し，その信頼性を評価する必要があります。
逆進 アクセスログ	プログラムリリース用のツールなどが導入されておらず，プログラムを更新するためにはOSやDBMSにログインする必要がある場合，変更権限を保持するアカウントへのアクセスログ（ログイン履歴など）を変更管理の母集団として利用できます。 本番環境へのアクセスは必ずしもプログラムの変更を伴わないため，変更案件に関連するログを特定して変更管理の母集団を正確に絞り込む必要があります。 例えばアクセス制限の内部統制としてOSやDBMSのアクセスログモニタリングが行われている場合，モニタリング資料から変更案件に関連する申請書に紐付けられたログを特定して母集団とすることが考えられます。 あるいは，プログラム更新時に特定の専用アカウントを利用している場合，アカウント改廃やパスワードの統制が有効であることを評価したうえで，アカウント名によって絞り込むことも選択肢になります。
逆進 タイムスタンプ一覧	プログラムやスクリプトの格納先をリリース手順書やディレクトリ設計書などから確認できる場合，本番プログラムが格納されているディレクトリからタイムスタンプ一覧を取得して，更新日時が評価対象期間中であるものを抽出することで評価の母集団を特定できます。

ただし，タイムスタンプからは最終更新日時しか特定できず，同一のプログラムが複数回更新されていたとしても検知できない点には注意が必要です。したがって，プログラムの変更頻度が高く複数回の更新が見込まれる場合には，監査証跡用としてより短い期間（週次・月次など）でタイムスタンプを取得して時点情報として保管するなどの対応が求められます。

また，更新日時が同じプログラム群は単一の変更案件の中で同時に更新されている可能性もあるため，母集団件数を正確に把握して適切なサンプル数を評価できるように集計単位を工夫する必要があります。

Column

プログラムが更新されていない場合もプログラム変更管理の評価は必要か

　第4章で述べた通り，ITへの依拠を評価する際にはタイムスタンプの確認などにより期中を通じた処理の一貫性を評価することが求められます。では，ITへの依拠に関連する全てのプログラムについて変更が発生していないことをタイムスタンプの閲覧などの手続によって確認していたとしても，IT全般統制のプログラム変更管理プロセスを評価しなければならないのでしょうか。

　この問いに答えるためには，プログラム変更管理の内部統制が求められる理由，すなわち低減すべきリスクが何であったかに立ち返る必要があります。プログラム変更管理に関連するリスクの中には，例えば本番環境でテストを実施することにより本番データの完全性が損なわれるリスクや，検証が不十分なプログラムのリリースによって重大な障害が引き起こされるリスクが含まれます。あるいは，本番環境へのプログラムのリリースが自由に行える状況が看過されていれば，財務数値を直接改ざんするようなバックドアを仕込むこともできるかもしれません。

　被監査人や監査人がITに依拠するためには，ITへの依拠に間接的に影響するこれらの周辺的なリスクも含めたシステム全体のリスクが低減され，情報のインテグリティが担保されていることが必要です。したがって，仮に評価対象のITへの依拠に関連するプログラムに変更が発生していないことを確認していたとしても，原則としてプログラム変更管理プロセスを評価することが望ましいと考えられます。

Column

新しい変更管理プロセス（CI/CD）への対応

　ビジネスの変化に合わせてシステムも柔軟かつ迅速に更新することが求められる中で，今日ではプログラム変更時のテストや本番環境へのリリースといったソフトウェア開発のプロセスを自動化する開発手法も登場しています。自動化の範囲は環境によって様々ですが，大きく次の3段階に分類されます。

手法	概要
Continuous Integration (CI)	日本語では継続的インテグレーションと呼ばれ，共通リポジトリ上のソースコードに変更が生じた際に，自動でビルドおよびテストを実行します。
Continuous Delivery (CD)	日本語では継続的デリバリーと呼ばれ，CIによって更新されたプログラムをテスト環境に自動でリリースし，本番環境に適用する前に必要なテストを自動で実行します。
Continuous Deployment (CD)	日本語では継続的デプロイメントと呼ばれ，テストが完了したプログラムを本番環境に自動でリリースします。

　本番環境のプログラムを不正な変更から保護するとともに，検証が不十分なプログラムが本番環境にリリースされることを防止するという変更管理の目的はCI/CDが採用されている場合でも変わりません。したがって，従来の変更管理の評価と同様に，プロセスおよびCI/CDに利用されるツールの仕組みやブランチ（プログラムのバージョン分岐を管理する単位）の役割を詳細に理解し，不正な変更や不十分な検証を内部統制によって予防することが求められます。

　例えば，テストが自動化される場合であってもテストシナリオはツールの利用者が個別に設定しなければなりません。開発者が自動テストのシナリオを自由に編集できる場合，開発期限に間に合わせるために特定のテスト項目を実行対象から除外してしまうといったリスクが想定されることから，開発担当者とテストシナリオの管理者の分離やテストシナリオへのアクセス制限などが重要な内部統制になると考えられます。

　また，共通リポジトリの更新がテストのトリガーとなり，自動テストを通過すると自動で本番環境へのリリースが行われるような環境においては，リポジトリを更新する前に変更案件自体が承認されていることや，業務要件と変更内容が合致していることがレビューされることが重要になり，事前の承認や共通リポジトリへのアクセス制限が重要な内部統制になると考えられます。

　このように，CI/CDを採用している変更管理プロセスを評価する際には，何をトリガーにしてどこまで自動的に処理が実行されるのか，自動処理の内容がどのように保護されているのかを理解してリスクの識別と内部統制の評価を実施することが重要になります。

5.6　システム運用管理プロセス

　システム運用管理プロセスにはシステムの継続的かつ安定的な稼働を妨げるリスクを低減するための内部統制が含まれます。本書では運用管理プロセスに関する内部統制を「定期的に実行する処理の管理」「障害への備えと対応」「サイバーセキュリティリスクへの対応」の 3 つに分類して整理します。

■ 定期的に実行する処理の管理

　システム間のインターフェースや夜間バッチによるトランザクションデータの集計など，既定のタイミングで繰り返し実行する必要がある処理はジョブによって管理されます。ジョブの管理は OS に標準実装されているジョブスケジューラやパッケージとして利用可能なジョブ管理ツールによって行われることが一般的です。各ジョブには実行対象のプログラムや実行のトリガーとなるイベントが設定されており，ツールによってはプログラムを指定せずともジョブ管理ツールの中で簡単な処理を直接記述することも可能です。

　ジョブの重要な機能は既定のタイミングで既定の処理を実行することです。したがって，ジョブ管理に関するリスクは予定通り処理が実行されないリスクと予定外に処理が実行されるリスクに大別できます。

　前者の例としてはジョブ設定の不正な変更やエラーによってジョブが正常に起動・終了しないリスクが，後者の例としては所定のタイミング以外に処理が実行されることで二重処理や後続の処理との不整合が生じてデータの完全性が損なわれるリスクが挙げられます。

　これらのリスクに対応する内部統制と評価観点を整理すると**図表 5 -19**のようになります。

▶ 図表 5-19　ジョブ管理に関する統制活動と評価観点

統制活動	評価観点
予防 ジョブの登録・変更・削除に対する事前承認	業務要件や保守・運用要件と異なる内容やタイミングで処理が実行されることにより情報のインテグリティが損なわれるリスクへの対応として，ジョブの登録・変更・削除の前に責任者が作業の実施を承認していることを確かめます。また，作業記録の閲覧などの手続により，申請内容の通りに作業が実施されていることも確かめます。
予防 ジョブの手動実行に対する事前承認	事前定義されたタイミング以外での処理の実行により処理の重複や脱漏が生じるリスクへの対応として，ジョブを手動で実行する際の手順が定められ，責任者の承認のもとに作業を実施していることを確かめます。 なお，システムに登録されているジョブ一覧の閲覧やジョブを利用しているITへの依拠の評価を通じて，ジョブの手動実行が財務報告の信頼性に与える影響が小さいと判断した場合は，手動実行の事前承認をキーコントロールとすることは必ずしも求められません。 具体例としては，インターフェースの処理の中で未送信のデータのみを送信するように処理が実装されており，ジョブを手動で実行してもデータの二重送信が生じないことを検証している場合などが挙げられます。 ただし，財務数値に直接影響しない処理であっても，フルバックアップの取得のようなシステムへの負荷が大きい処理が想定外のタイミングで実行されることでシステムの可用性が損なわれるリスクがある場合，障害管理プロセスの有効性なども考慮して評価要否を総合的に判断することが求められます。
発見 ジョブモニタリング	ジョブの異常終了が見逃されて処理が実行されないまま放置されるリスクへの対応として，ジョブの異常終了がモニタリングされていることを確かめます。 異常終了のモニタリング方法には，ジョブスケジューラのエラー監視機能を利用してリアルタイムに監視するものや，定期的にジョブの実行履歴（ログ）をスケジューラから出力して検証するものが挙げられます。

> 前者の場合には，IT への依拠や IT 全般統制（バックアップ処理など）に関連する内部統制に関係する重要なジョブが監視対象に含まれていること[38]，エラーが発生した際に運用担当者に速やかに通知される仕組みとなっていることを確認する手続が考えられます。
>
> 後者の場合には，プログラム変更管理におけるモニタリングと同様に，利用するログの適切性やフィルタリング方法の妥当性，モニタリングの網羅性などを検証することが求められます。
>
> また，検知されたエラーが解消されていることも検証する必要がありますが，ジョブのエラーが後述する障害管理プロセスに組み込まれている場合，障害管理プロセスの評価に包括することも選択肢となります。ジョブエラーの対応がその他の障害管理プロセスから独立している場合は，実際に発生したエラー（エラーログやエラー通知）全体を母集団として，復旧対応が適時に行われていることを個別に評価する必要があります。

　プログラムの改修に比べてジョブの更新は技術的に容易であることが多く，ジョブを登録・変更・削除する権限が多くのユーザに付与されている場合，故意または操作ミスによってジョブに望ましくない変更が加わるリスクが高くなります。したがって，ジョブスケジューラの更新権限が保守・運用担当者など必要最低限のユーザにのみ付与されていることをアクセス制限の統制として評価することが望まれます。

　OS に標準実装されているジョブスケジューラを利用している場合は OS アカウント管理のプロセスとあわせて評価できると想定されますが，第三者が提供するジョブ管理ツールをインストールして利用しているような場合，ジョブ管理ツールをアプリケーションアクセス権の評価対象システムに含めることを検討する必要があります。

38　財務報告に関する内部統制もしくは監査手続の観点から重要なジョブが存在せず，「定期的に実行する処理の管理」に係るリスク自体が重要ではないと監査人が判断した場合，ジョブの管理に関する IT 全般統制をキーコントロールとして識別せずに，障害管理プロセスの評価によってジョブエラー一般に起因するリスクにも包括的に対応することも考えられます。

また，各統制をサンプリングによって評価する際の母集団資料としては**図表5-20**のようなものが想定されます。

▶ **図表5-20　ジョブ管理に係る内部統制評価の母集団資料**

統制活動	母集団資料
予防 ジョブの登録・変更・削除に対する事前承認	ジョブ管理ツールから登録・変更・削除のログを取得可能であれば最も網羅的な逆進の母集団として利用できると考えられます。しかしながら，ログを利用可能なケースは必ずしも多くありません。 ログを利用できない場合，前期末時点（もしくは前期中）のジョブの一覧と評価実施時点のジョブの一覧の比較により登録・変更・削除されたジョブを特定して逆進の母集団とすることが考えられます。ただし，プログラム変更管理の母集団の項で紹介したタイムスタンプを母集団とするケースと同様に，複数回の変更や短期間のうちに登録・削除されたケースは検知できない点を考慮する必要があります。 順進の母集団としてはチケット管理ツールから取得した作業依頼の一覧や，バインダーに保管されている申請書の一覧を利用することが考えられます。順進の母集団である以上，申請プロセスをバイパスして実施された作業は母集団に含まれないため，ジョブへのアクセス制限に係る内部統制の有効性や職務分掌の状況などを考慮して内部統制がバイパスされるリスクを評価し，順進の母集団の網羅性を検証したうえで，母集団資料としての利用可否を判断することが求められます。
予防 ジョブの手動実行に対する事前承認	ジョブの手動実行についてはログやタイムスタンプなどの逆進の母集団を取得することは難しいことが多く，チケット一覧や申請書といった順進の母集団を利用する手続が一般的です。 したがって，ジョブの登録・変更・削除の項で述べた通り，ジョブの手動実行を可能なユーザが必要最低限の範囲に限定されていることを確かめるなどの手続により，順進の母集団の網羅性を評価する必要があります。

発見 ジョブモニタリング	ジョブ実行履歴の定期的なレビューの場合，母集団は暦上の月や週となると考えられます。 一方で，エラー監視の対象に含まれていることやエラー発生時のリアルタイムな通知機能を評価している場合，ITへの依拠におけるコンフィグレーションの評価と同様の観点での評価が必要になります。したがって，サンプリングによる評価ではなく，全ての重要なジョブについて期中を通じて監視対象に含まれていたことを確かめることになります（**4.4**「コンフィグレーションの評価」参照）。

■ 障害への備えと対応

　システム障害が放置されると，ITに依拠する内部統制がデザインの通りに実行できないリスクや財務報告に係る情報のインテグリティが損なわれるリスクが高まると想定されます。したがって，システム運用管理の内部統制には障害を検知して是正する機能が求められます。この機能の中には，誤って更新されたデータを修正するプロセスや，バックアップデータからシステムを障害前の状態にリカバリするプロセスが含まれます。

　障害対応や保守・運用の必要からデータを修正する際に，アプリケーションを介してデータを更新するのではなく，データベースにアクセスしてテーブル上のデータを直接更新することがあります。アプリケーションを介さず直接作業を行うことから，そのような手続をデータ直接修正と呼びます。

　プログラム変更管理プロセスがITへの依拠を通じて間接的に財務報告に関係するのに対し，データ直接修正は財務数値を直接更新することで直接的な影響を与えるリスクがあります。このため，障害管理プロセスとは別に固有のプロセスとしてデータ直接修正プロセスを評価することが一般的です。

　障害への備えと対応に関するプロセスにおける具体的な統制活動と評価観点を整理すると**図表 5 -21**のようになります。

▶図表 5 -21　障害への対応と備えに関する統制活動と評価観点

統制活動	評価観点
予防 障害の検知と解決,責任者による完了承認	障害からの復旧作業として必要な対応が行われず,自動処理の誤りやデータの欠損などにより毀損された情報のインテグリティが回復されないリスクへの対応として,発生した障害の原因が特定され,復旧作業が完了し,再発防止策が策定されていることを確かめます。具体的な評価項目としては次のようなものが挙げられます。 ・ユーザもしくは保守・運用担当者が障害を検知したときの報告プロセスが整備されていること。 ・報告された障害について,障害の内容,原因,対応,再発防止策が記録されていること。 ・保守・運用責任者が障害対応の記録を確認し,案件のクローズを承認していること。
発見 未解決な障害案件の追跡	報告された障害が未対応のまま放置されるリスクへの対応として,クローズしていない障害案件について対応状況が定期的にフォローされていることを確かめます。 具体的な運用方法に応じて評価の方法も異なりますが,月次運用定例会などで状況が報告されている場合は,定例会議事録や会議資料などの閲覧によってクローズされていない案件が網羅的に報告されていることを確かめるなどの手続が想定されます。 また,責任者が障害対応の状況を把握・管理していることの心証を得るために,必要に応じて議事録や会議資料への保守・運用責任者の承認記録を確認することも考えられます。
予防 データ直接修正に対する事前承認と完了承認	システムをメンテナンスする以外の目的で自由にデータ直接修正を行える環境では,システム内外の内部統制を無効化して財務数値を都合のよいデータに書き換えられるリスクが高まります。そのようなリスクへの対応として,データ直接修正の実施前に作業の実施が承認されていること,実施後には作業が依頼の通りに完了していることを確認したうえで案件をクローズしていることを確かめることになります。 具体的な評価項目としては次のようなものが挙げられます。 ・データ直接修正が業務上もしくは保守運用上の理由によ

	り必要であることを起案部門の責任者が確認し，作業の実施を承認していること。 ・本番作業前にUATが行われ，修正が依頼の通りに行われる手順となっていることを起案部門責任者（もしくは権限を委譲された担当者）が確認し，承認していること。 ・作業完了後，本番環境のデータが依頼の通りに更新されていることを起案部門責任者もしくは保守・運用部門責任者[39]が確認し，承認していること。 なお，緊急変更に関する評価観点については**図表 5 -16**の「緊急変更」と同様です。
予防 バックアップの取得と定期的なリカバリテスト	大規模な障害や外部からの攻撃等によりシステムが停止して可用性が損なわれるリスクへの対応として，バックアップが定期的に取得されていることとバックアップからリカバリ可能な状態であることを確かめます。特にランサムウェアのリスクが高まっている今日においては，適時な財務報告を支えるための内部統制として重要性が高まっています。具体的な評価項目としては次のようなものが挙げられます。 ・システムが処理するトランザクションの頻度や量に応じてRPO[40]やRTO[41]が定義され，適切な頻度でバックアップが取得されていること（自動化されている場合はコンフィグレーションを評価します）。

39　修正が依頼の通りに行われたことを確認する責任は，本来はデータオーナーである起案部門責任者にあると考えられます。一方で，修正の内容が明確であり，起案部門により承認されたUATの記録と比較するのみで作業の正確性を十分に検証できる場合，業務効率性の観点から保守・運用部門が確認を代行することがあります。権限委譲の状況や責任と役割の所在に応じて承認者の妥当性を評価することが求められます。

40　Recovery Point Objective（目標復旧時点）の略で，障害等によりリカバリが必要になった際に，過去のどの時点の状態まで復旧させるかの目標値です。例えば更新頻度が低く 1 週間分程度のデータであれば手作業で復旧可能なのであれば 7 日，更新頻度が高く手作業による適時な復旧は 1 時間が限界であれば 1 時間というように設定されます。一般に，バックアップはRPOより短い間隔（頻度）で取得する必要があります。

41　Recovery Time Objective（目標復旧時間）の略で，障害発生後システムを復旧させるまでに要する時間の目標値です。システム停止時に代替的な手作業のプロセスで対応可能な期間の限界値や，システム復旧時に手作業で投入するデータの量などを踏まえて決定することが求められます。また，財務報告の信頼性に係る内部統制の観点からは，適時な財務報告を実現するためのタイムラインも考慮する必要があります。

- バックアップデータが本番環境から隔離された環境に保管されていること（障害や攻撃に際して，バックアップデータが本番環境とともに破壊されるリスクが十分に低いこと）。
- 財務報告上重要なプログラムやデータが漏れなくバックアップの対象に含まれていること。
- 定期的にリカバリテストが実施され，バックアップの手順およびバックアップデータが利用可能な状態であることが確認されていること。
- リカバリテストの結果を保守・運用責任者が承認していること。

なお，バックアップの取得にジョブ管理ツールやスクリプトが利用されている場合，それらが期中を通じて変更されていないこと，プログラム変更管理やジョブ管理の内部統制の対象に含まれていることをあわせて確認することが求められます。

Column

変更管理プロセスにおける事前承認と完了承認

　プログラムの更新やデータの直接修正において作業実施前の承認が求められる理由は，変更の妥当性や検証および準備の十分性を責任者が事前に判断することが内部統制において重要であると考えられるためです。したがって，データやジョブの修正を含む変更管理プロセスでは原則として事前承認がキーコントロールになると考えられます。

　一方で，完了承認については作業が承認された内容の通りに実施されたことの事後確認が目的になるため，その重要性は作業ミスなどにより本番環境に意図しない変更が加わるリスクへの対応が主な目的になります。したがって，本番作業に手作業が占める割合や開発担当者と運用担当者の職務分掌の状況などを踏まえてリスクを評価し，完了承認をキーコントロールとする必要があるかどうかを判断する必要があります。例えば，直接編集できない形にパッケージ化されたプログラムを指定のフォルダに配置する作業であれば相対的にリスクは低く，作業手順書に記載されたSQLを直接本番環境に入力して実行するような処理であれば相対的にリスクは高くなり，伴って完了承認の内部統制上の重要性も高くなると考えられます。

また，各統制をサンプリングによって評価する際の母集団資料としては**図表5-22**のようなものが想定されます。

▶ 図表 5-22　障害への対応と備えに関する内部統制評価の母集団資料

統制活動	母集団資料
予防 障害の検知と解決，責任者による完了承認	障害案件については逆進の母集団を取得することが通常困難であることから，障害発生時の報告および記録のプロセスが整備されて関係者に共有されていることを前提に，障害管理台帳やチケット管理ツールから出力した障害案件の一覧を母集団資料として利用することが想定されます。 顛末の記録や完了承認を評価する場合，評価対象期間中に対応が完了した案件を特定して母集団資料から抽出することになるため，プログラム変更管理の母集団の項で紹介した変更管理チケット一覧を母集団とするケースと同様に，各ステータスが表す状態を正しく理解する必要があります。ただし，「承認済み」のステータスの案件を評価対象とする場合，障害対応は完了しているにもかかわらず完了承認が行われていない案件を検知できません。したがって，母集団の網羅性を担保するために，評価実施時点の母集団資料において未承認となっている案件について，質問や試査によって確かに対応が完了していないこと（完了案件として母集団に含める必要がないこと）を確認することが求められます。
発見 未解決な障害案件の追跡	定例会での報告状況を評価する場合，暦上の週や月が母集団となります。 なお，報告の網羅性を検証する過程では，報告会資料作成時点で未解決であった案件を障害一覧上の起票日と解決日の情報から特定することが求められるため，障害の検知・解決の評価で母集団資料として利用した障害一覧をサンプル評価手続の中で利用することになります。
予防 データ直接修正に対する事前承認と完了承認	プログラム変更管理の評価と同様に，順進の母集団として作業依頼の一覧を利用するか，逆進の母集団としてアクセスログを利用することが考えられます（詳細は**図表5-18**参照）。

	データ直接修正に利用するデータベースアカウントが特定されている場合，そのアカウントへのログインログを母集団資料として利用することも考えられますが，所定の手続に反して他のアカウントを利用したケースが潜在しているリスクへの対応が必要になります。 具体的には，アクセス制限のIT全般統制で評価しているデータベースアクセスログのモニタリングにおいて，修正作業用のアカウント以外に紐付けられたデータ直接修正案件が存在しないことを確認するなどの手続が考えられます。
予防 バックアップの取得と定期的なリカバリテスト	多くの場合バックアップの取得は自動化されており，バックアップツールなどにバックアップの対象や取得スケジュールが設定されています。したがって，基本的にはITへの依拠におけるコンフィグレーションの評価と同様に，期中を通じて設定値に変更が生じていないことを確認することが求められます（**4.4**「コンフィグレーションの評価」参照）。 リカバリテストは定期的に実施される統制活動であるため，暦（年次や半期など）が母集団になると想定されますが，システムリリースや更改のタイミングでテストを実施している場合はそれらを加味して母集団を調整する必要があります。

■ サイバーセキュリティリスクへの対応

　今日においてはマクロ環境としてサイバーセキュリティリスクが高まっており，組織の規模を問わずサイバーセキュリティ対策の重要性が増してきています。改正監基報315の付録6（IT全般統制を理解するための考慮事項）でも，「IT環境の脆弱性や侵入を監視する内部統制」がIT業務を管理するプロセスの内部統制として例示されており，財務報告の文脈においてもサイバーセキュリティリスクへの対応が求められています。

　また，JICPAが公表している「サイバーセキュリティリスクへの監査人の対応（研究文書）」は改正監基報315の付録6を参照しながら，パッチ適用などの脆弱性対策が不十分であることに起因するサイバーセキュリティインシデント

の発生やバックアップからの復旧が行えない状態をIT全般統制の不備となりうる例として紹介しています。

　障害への対応と備えの項で述べたバックアップの取得とリカバリテストの実施の内部統制は，ランサムウェアなどの攻撃により停止したシステムを復旧してシステムの可用性を回復するうえで重要な役割を果たしますが，情報資産の窃取による直接的な被害に備えるためには予防的な内部統制が必要になります。したがって，IT環境の理解を通じてサイバーセキュリティに関する固有リスクが高い[42]と判断した場合，適時なパッチ適用や定期的な脆弱性診断などの内部統制を評価することになります。具体的な統制活動と評価観点としては**図表5-23**のようなものが挙げられます。

▶ **図表 5 -23　サイバーセキュリティリスクへの対応に関する統制活動と評価観点**

統制活動	評価観点
予防 パッチ情報の収集および適用	既知の脆弱性が放置されて外部からの攻撃に利用され，システムの破壊や情報資産の窃取などの被害を受けるリスクへの対応として，新たに発見された脆弱性やベンダーからリリースされたパッチの情報を速やかに収集し，必要に応じてシステムにパッチを適用していることを確かめます。 具体的な評価項目としては次のものが挙げられます。 ・脆弱性やパッチの情報を収集するプロセスが確立され，実際に情報を収集していること。 ・収集した情報に基づきリスクを評価してパッチ適用要否が判断され，情報セキュリティ責任者が結論を承認していること。 ・パッチを適用する場合，本番環境への適用が変更管理プロセスに沿って行われていること（テスト実施，承認など）。

---

[42]　保有する資産の価値が情報の機密性が確保されていることを前提としている場合などが該当します。例えば，暗号資産を大量に保有している場合や事業価値の源泉となるような無形資産をシステム上に保持している場合，情報の窃取により資産を喪失するリスクや資産価値が毀損されて減損を識別しなければならなくなるリスクがあると考えられます。

予防 定期的な脆弱性診断の実施	パッチ情報の収集および適用のプロセスで見逃された脆弱性や，未対応の脆弱性の組合せによりリスクが許容可能な水準を上回るリスクへの対応として，定期的に脆弱性診断が実施されていることを確かめます。 脆弱性診断の実施はパッチ情報の収集および適用の内部統制の補完的統制として位置付けられ，診断の結果識別された脆弱性について，情報セキュリティ責任者の承認のもとに必要な対応が実施されていることを確かめることが求められます。
予防 バックアップの取得と定期的なリカバリテスト	組織の規模の大小を問わずランサムウェアによる攻撃が活発化している今日においては，バックアップおよびリカバリはサイバーセキュリティリスクへの対応という観点からも重要な内部統制であると考えられます（評価観点の詳細は前項で述べているため，ここでは記載を省略します）。

　サイバーセキュリティ攻撃による財務データの可用性の喪失や情報資産の窃取は財務報告に直接的な影響を与える可能性があり，これらの内部統制はITへの依拠を介さずにアサーションを直接支える内部統制としての性質を持ちます。IT全般統制の不備の重要性はITACやITを利用したマニュアル統制への影響を介した間接的なものとして評価されることが一般的ですが，特にサイバーセキュリティリスクに対応する内部統制に不備が識別された場合には，財務報告の信頼性に直接的な影響を与える重要な不備として識別しなければならない可能性もある[43]ため，特に慎重なリスク評価が求められます。

---

[43]　株式会社ニップンは2021年7月にランサムウェアによりバックアップデータを含めてデータを暗号化される被害を受け，四半期報告書の法定提出期限までに財務諸表を公表することができませんでした。同社は2022年6月29日付の「内部統制報告書の訂正報告書」にて，サイバー攻撃によるシステム障害の根本原因としてサイバーセキュリティに関する全社的な内部統制（リスクの評価と対応）に重要な不備があったことを報告しています。本事例では，財務報告に関係するシステムについては強固なセキュリティ対策が講じられておりIT全般統制は有効であったと判断されていますが，今後IT全般統制の不備により適時な開示を行えない会社があれば，同様の観点により重要な不備であると判断される可能性もあると考えられます。

5.7　アクセス管理プロセス

■ アクセス管理の技術的基礎：システム構成

　アクセス管理プロセスにおける評価対象を正しく定義するためには，財務報告の信頼性を担保するうえで保護すべき対象と，それらにアクセスする経路を正確に把握することが重要です。

　保護すべき対象としては，データベースに記録されているデータ，データを処理するプログラム，処理のタイミングを制御するジョブ，重要なコンフィグレーションなど，ITへの依拠やIT全般統制の有効性を支えるものが挙げられます[44]。したがって，ITへの依拠やIT全般統制を通じて識別された保護対象へのアクセスがアクセス制限の内部統制の評価に漏れなく含まれるように評価範囲を決定しなければなりません。

　アクセスルートは物理的なアクセスと論理的なアクセスに大別され，前者はサーバーや作業端末などのハードウェアの設置場所に立ち入ること，後者はネットワークやアプリケーションなどにログインしてソフトウェアを利用することを指します。論理アクセスはソフトウェアの種類によってさらに階層化されているため，各階層におけるアクセス制御の方法を理解するとともに，保護対象の情報へアクセスするためにどの階層におけるアクセス権が必要になるのかを正しく理解することが重要になります。

　今日において多くのシステムで採用されているクライアント/サーバー方式[45]のシステムを例に，論理アクセスにおける階層構造を具体的に確認しましょう。

---

[44]　特に財務報告の信頼性を担保する内部統制の文脈においては，機密情報や個人情報へのアクセスといった機密性の観点よりも，アサーションに直接もしくは間接的に与える影響の観点から保護対象かどうかが判断されます。しかしながら，サイバーセキュリティリスクの項で述べた通り，デジタル資産や無形資産の価値が機密性に依存しているような場合には，それらの資産へのアクセス制限もアクセス管理プロセスの評価対象に含めることを検討する必要があります。

[45]　処理の実行やデータの保管を行うサーバーとユーザが操作する端末（クライアント）を分離したシステムで，クライアントが処理やデータの提供をサーバーに要求し，サーバーは処理結果や要求されたデータを提供する仕組みを指します。

▶ **図表 5 -24　論理アクセスにおける階層構造**

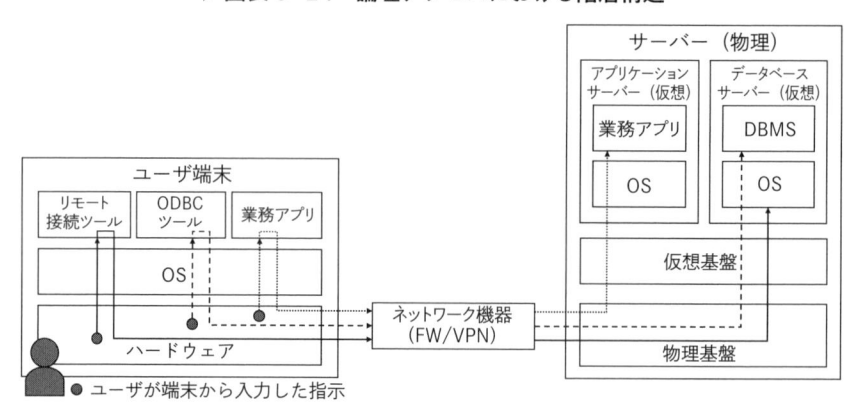

　図表 5 -24ではサーバー上の資源にアクセスするために，ユーザが資源の所在に応じたソフトウェアを利用していることがわかります。

　例えば，業務アプリケーション（会計システム，経費精算システムなど）を利用したいユーザは，対応するアプリケーションを端末上で起動して，実際に処理を実行しているアプリケーション上のプログラム（業務アプリ）にアクセスします。また，データベースをメンテナンスする保守担当者はODBCツール[46]を起動してDBMS（Database Management System）にアクセスし，データの取得や更新を行います。

　業務アプリケーションを通じてのサーバーへのアクセスはアプリケーションの階層（以下，アプリケーションレイヤ）でのアクセスであるため，例えばOS標準のジョブスケジューラを起動したり，OS上に直接保管されているスクリプトを操作したりすることはできません。OS上のリソースにアクセスしたいのであれば，リモート接続ツールを利用してOSの階層（以下，OSレイヤ）にアクセスする必要があります。同様に，データベースの設定を変更するような操作を行うためには，DBMSの階層（以下，DBレイヤ）にアクセスしなければなりません。同じく，IaaS（Infrastructure as a Service）などのクラウ

---

[46]　ODBCはOpen Database Connectivityの略で，データベースへのアクセスを標準化するためのプロトコルです。ODBCツールはDBMS毎の仕様の差異を吸収してユーザによるデータベースの操作をサポートします。ここでは，サーバーのOSアカウントにログインすることなくユーザ端末から直接DBMSにアクセスするためのツールとして例示しています。

ドサービスを利用している場合は，クラウドサービスのアカウントや各種機能を管理するコンソール（管理画面）も階層の1つとして認識する必要があります。

　このように，保護対象の資源がどの階層に存在するかによってアクセスルートも異なるため，システムの技術的構成を正しく理解するとともに，ITへの依拠やIT全般統制の評価を通じて重要なデータやプログラムの所在を明確にすることがアクセス権を評価する際の第一ステップとなります。

■ アクセス管理の技術的基礎：認証と認可

　保護対象となる資源の所在を確認した後は，アクセス制限がシステム上でどのように実装されているのかを理解する必要があります。

　システム上でのアクセスの許可には認証と認可の2つのステップがあります。認証はアクセスを試みている人物の身元の確認，認可は特定の情報へのアクセスや操作の実行権限の有無の確認であり，認証の例としてはパスワードによるログイン，認可の例としては経理ロールを付与されたアカウントにのみ仕訳起票操作を許可することなどが挙げられます。

　アクセス制限を評価する際には，保護対象へのアクセスを試みた際にどのタイミングで認証や認可が行われるのかを正しく理解し，保護対象へのアクセスや操作を認められている人物が利用するアカウントにのみシステム上のアクセス権が付与されていることを確かめることが求められます。言い換えると，アクセス制限の評価とは，業務分掌上の役割分担とシステム上のアクセス制限が一致していることを確かめる手続であるといえます。**図表5-25**のシステムを例に具体的に確認してみましょう。

　図表5-25では，**図表5-24**で確認した階層構造の理解を前提に，保護すべき対象がシステム内のどこに格納されているかと，業務ユーザあるいは保守担当者がシステムにアクセスする際に認証を求められるポイントを示しています。認証に成功したのちには，アカウントが各操作を実行する際に認可（操作の実行権限を保持しているかの確認）が行われることになります。

　アクセス制限の評価においては，確認する認証・認可のポイントが保護対象に近いほど精密な評価が可能になります。**図表5-25**の例では，在宅勤務をしている従業員が社内ネットワークにアクセスする際には社内ネットワークにア

▶図表 5 -25　システム構成図例

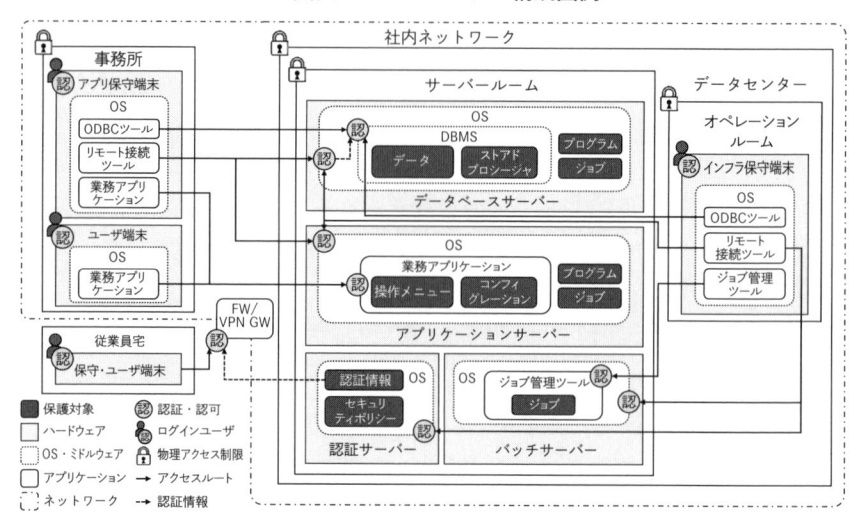

クセスする段階で認証が求められ，データベース上のデータにアクセスするに
はさらにDBMSへのアクセス時に認証と認可が求められることになります。社
内ネットワークに接続できるユーザ全員がDBMSへのアクセスを許可されてい
るわけではないため，データの保護状況を評価するのであればDBMSにアクセ
スする際の認証や認可を評価する方が適切であると考えられます。

　一方で，必ずしも保護対象に最も近い認証・認可のポイントを評価しなけれ
ばならないわけではありません。例えばアプリケーションのプログラムがOS
上の特定のディレクトリにまとめて格納されている場合，プログラムの更新可
否を評価するうえで最も保護対象に近い認証・認可のポイントはディレクトリ
へのアクセス制限[47]になりますが，そもそもOSアカウントを付与されている
ユーザがインフラ保守担当者のみでありそれ以上の職務分掌の評価が不要であ
るような場合，OSログイン時の認証を評価すれば十分であるとも考えられます。

　また，アクセス制限の仕組みを理解するには，認証に利用するアカウントや
パスワードなどの情報が格納されている場所を理解することも重要です。**図表**

47　OSの仕様によって詳細は異なりますが，一般的にはディレクトリ（フォルダ）内のリソースに対
　　する操作権限（読み込み権限，書き込み権限，実行権限など）がユーザアカウントやユーザグルー
　　プごとに定義されています。

5-25ではネットワークに接続する際の認証において認証情報が認証サーバーから連携されており，ネットワークにログインするためのアカウントやパスワードは認証サーバーで管理されていることが読み取れます。このような構成のシステムについてネットワークへのアクセス制限を評価するのであれば，認証サーバーにおけるアカウント管理のプロセスやパスワードポリシーの設定値を評価することになります。同様に，データベースサーバーではOSからDBMSに認証情報が連携されており，OS認証によるDBMSへのログインが可能であることがわかります。このような場合は，DBMSへのアクセス制限を評価する際にOSアカウントやパスワードポリシーについても評価しなければならない可能性があります。アプリケーションやサーバーへのログインにSSO（Single Sign On）[48]が利用されている場合にも同じ考え方があてはめられます。

このように，アクセス制限を評価するためには保護対象の所在を特定し，保護対象までのアクセスルートと認証・認可のポイントを洗い出して評価対象とする認証・認可のポイントを決めたうえで，そこで利用される認証情報がどこで管理されているのかを理解しなければなりません。

また，認可の仕組みはシステムによって様々であり，アクセス権の保有者を正確に特定するためには各階層における権限管理の詳細な仕組みを理解する必要があります。グループによるアカウントの管理やロールによるアカウントへの権限付与が一般的ですが，より詳細なレベルで権限を管理していることもあるため4.6「アプリケーションアクセス制限の評価」で紹介したような観点を踏まえて正確に権限管理の仕組みを把握することが求められます。

■ 論理アクセス管理のプロセス・リスク

保護対象のデータやプログラムへのアクセス権が広範に付与されるほど不正アクセスのリスクは高まるため，権限は業務上の必要性に基づいて必要最小限の範囲に付与することが望ましいと考えられます。このような考え方を最小権限の原則と呼びます。

アクセス管理プロセスの目的はこの原則に準じたアクセス制限を導入・維持

---

48 認証情報（認証資格）を共有することで，一度の認証で複数のシステムにアクセスできるようにする技術を指します。例えば，社内ネットワークにログインすれば再度ユーザIDとパスワードを入力しなくても業務アプリケーションに自動でログインできるようにする仕組みに利用されます。

することにあり，その意味においてプロセスと内部統制が一体になっているといえます。したがって，アクセス管理プロセスは不正アクセスのリスクを分解したリスクに対応しており，リスクとプロセス（内部統制）の対応は**図表5-26**のように整理できます。

▶図表5-26　論理アクセス制限に関するリスクとプロセス・内部統制

リスク	対応するプロセス・内部統制
必要最小限の範囲を超えた過剰な権限が付与されるリスク	・個人単位でのアカウントの付与（共有アカウントを作成しない） ・アカウント登録や権限変更（付与）における事前承認 ・ユーザアカウントの定期的な棚卸（過剰に付与された権限の事後的な検知）
不要になった権限が残存することで，結果として過剰な権限が付与されるリスク	・退職者アカウントの遅滞ない削除もしくは無効化 ・異動などに伴い担当業務に変更が生じた際の遅滞ない権限変更（剥奪） ・ユーザアカウントの定期的な棚卸（残存している権限の事後的な検知）
特権の利用による内部統制のバイパス	・デフォルト特権アカウントのパスワード変更 ・個人に与えられていない特権アカウントの貸出管理 ・特権アカウント管理者交代時の遅滞ないパスワード変更 ・特権アカウント利用状況のモニタリング
不正ログインによる権限行使（なりすまし）	・強固なパスワードポリシーの設定 ・多要素認証の導入

　権限が過少に付与されることで業務を遂行できないこともアカウント管理に関するリスクではありますが，その場合は財務報告の信頼性を損なう操作が実行されるリスクも低いため，権限追加のプロセスについては権限の過剰付与に焦点をあてることが一般的です。権限の剥奪についても同様で，業務上必要な権限が剥奪されることで業務が滞るリスクはありますが，財務報告の信頼性が損なわれるリスクは低いことから，権限剥奪のプロセスについてはその適時性

に焦点をあてることが一般的です。

　また，「特権」という言葉の定義は必ずしも明確ではありませんが，アクセス管理の文脈においてはシステム上の最高権限だけでなくアカウントの新規作成や権限の付与を実行可能な権限を含めることが一般的です。これは，アカウント作成や権限付与が可能であれば，業務分掌上許可された範囲を超えた権限を自らに付与することや，モニタリングの対象となっていない新規アカウントを作成して秘密裏に不正な操作を行うことが可能であり，権限の濫用により内部統制を無効化することができてしまうためです。

　また，特にインフラレイヤ[49]のアカウントについては，保護対象であるプログラムやデータなどに対する更新権限も含めて「特権」と呼ばれることもあります。したがって，関係者間で認識に齟齬が生じないように，特権という言葉の定義を事前に確認しておくことが重要です。アクセス管理の文脈におけるシステム上の権限の分類を例示すると**図表5-27**のようになります。

▶ **図表5-27　論理アクセス管理における権限の分類**

区分	説明
一般権限	データの閲覧権限や，アクセス制限がITへの依拠として識別されていないアプリケーションの機能へのアクセスなど，財務報告に関する内部統制の観点からは重要でない権限を指します。
内部統制上重要な権限	アクセス制限がITへの依拠として識別されているアプリケーションの機能へのアクセス権限を指します。具体的には，取引先マスタの更新権限や仕訳の承認権限などが挙げられます。
アカウントメンテナンス権限	各レイヤにおいてユーザアカウントの登録・変更・削除や権限の付与・剥奪を実行可能な権限を指します。アクセス制限が内部統制として識別されている場合には，アカウントメンテナンス権限の行使により内部統制をバイパスすることが可能になることか

---

[49]　論理アクセスのうち，OSレイヤやDBレイヤなどアプリケーションレイヤより下位のレイヤを総称してインフラレイヤと呼ぶことがあります（OSやDBMSはアプリケーションの動作を支える基盤となっていることから「下位」のレイヤと表現されます）。

	ら，アカウントメンテナンス権限も内部統制上重要な権限に含まれることになります。
システムメンテナンス権限	プログラムやデータの更新権限の他，パスワードポリシーやログの取得設定の更新権限など，システムのセキュリティや内部統制を維持する観点から重要なリソースに変更を加える権限を指します。 上述の「内部統制上重要な権限」が主として業務プロセスの理解を通じて識別されるのに対して，システムメンテナンス権限はシステム構成や認証・認可の仕組みに対する理解を踏まえて識別する必要があります。
最高権限	システム上の全ての操作の実行を可能にする権限を指します。 例： SAPのSAP_ALL,SAP_NEW権限（アプリケーション） OracleのSYSDBA権限（DBMS：サーバーレベル） OracleのDBA権限（DBMS：データベースレベル） WindowsのAdministrator, Linuxのroot権限（OS）

■ 論理アクセス管理の内部統制と評価観点

論理アクセス管理における具体的な統制活動と評価観点としては**図表 5 -28**のようなものが挙げられます。なお，**図表 5 -28**では**図表 5 -27**に示したアカウントメンテナンス権限，システムメンテナンス権限，および最高権限のいずれかを付与されたアカウントを総称して「特権アカウント」と記載しています。特権アカウントを網羅的に特定するためには，各レイヤにおける権限構成の仕組みを理解し，**4.6**「アプリケーションアクセス制限の評価」で述べたような手続に沿って詳細な分析を行うことが求められます。

▶ **図表 5 −28　論理アクセス管理の統制活動と評価観点**

統制活動	評価観点
予防 個人へのアカウントの付与 （共有アカウントを作成しない）	アカウントが個人に割り当てられずに複数人で共同利用されている場合，個人の業務範囲に応じて最小限の権限を付与することができなくなります。また，操作を実行したユーザの特定が困難になり追跡性が低下し，不正アクセスの検知や事後的な調査が困難になります。 このため，システム利用者個々人にアカウントが割り当てられ，共有アカウントが存在しないことを確かめます。 運用上のやむを得ない理由から１つのアカウントを複数人で共同利用する場合，アカウントの利用者と使用目的を管理する貸出管理の統制（後述）が必要になります。デフォルト特権アカウントを無効化せずに保守・運用などの目的で共同利用する場合も同様です。
予防 アカウント登録や権限変更（付与）における事前承認	業務分掌上認められている権限の範囲を超える操作を可能にする権限がシステム上で付与されることで職務分掌が無効化されるリスクへの対応として，新たなアクセス権の付与を責任者が事前に承認していることを確かめます。 具体的な評価項目としては次のようなものが挙げられます。 ・アカウントの新規作成や既存アカウントへの権限の追加を，ユーザの所属部門長（もしくは権限を委譲された人物）が事前に承認していること。 ・申請内容に基づいて，システム上で付与すべき具体的な権限（グループやロールなど）をIT部門担当者が特定し，IT部門責任者が本番作業の実施を承認していること。 ・付与された権限が業務内容に照らして妥当であること（承認の妥当性）。 ・承認済みの申請の通りに権限が付与されていること。

	また，所属部門や役割に応じて付与すべき権限が事前に定義されており，業務権限とシステム権限の対応表として明文化されていることもあります。そのような場合には，責任者が対応表を事前に承認していることや，定期的に対応表の見直しが行われていることなどを確かめることになります。 さらに，人事システムとの連携などによって部門情報に基づく自動プロビジョニング（権限の自動付与）を実装している場合，システムに登録された部門と権限の対応の妥当性やプロビジョニング機能そのものを，コンフィグレーションやインターフェースのITACとして個別に評価する必要があります。GRCツールなどの利用によって特定の権限の同時付与（権限コンフリクト）を防止する仕組みを実装している場合も同様です。
予防 退職者アカウントの遅滞ない削除もしくは無効化 予防 異動などに伴い担当業務に変更が生じた際の遅滞ない権限変更（剥奪）	退職者アカウントの不正利用や，異動に伴い業務分掌上許可されなくなった操作が実行されるリスクへの対応として，不要になった時点から遅滞なくアカウントや権限が削除もしくは無効化，剥奪されていることを確かめます。具体的な評価項目としては次のようなものが挙げられます。 ・権限が不要になってからアカウントの削除や権限剥奪が完了するまでの期限が明確に定められていること。 ・退職，異動，出向，休職，昇格，降格などによりアカウントや権限が不要になったユーザについて，アカウントの削除や無効化，権限の剥奪が期限内に完了していること。 アプリケーションへのアクセスにSSO（Single Sign On）を利用しており，認証サーバー上でアカウントを削除もしくは無効化することで不正アクセスを防止しているような場合には，アプリケーションアカウントではなく認証サーバー上のアカウントが削除された日時を確認することが求められます。一方で，異動に伴い一部権限のみを削除するような場合には

	アプリケーションアカウントからの権限剥奪日時を確認する必要があると想定されるため，認証の仕組みを正しく理解したうえで入手する監査証跡を決定する必要があります。
補完 [50] ユーザアカウントの定期的な棚卸（過剰に付与された権限の事後的な検知/残存している権限の事後的な検知）	過剰な権限を付与されたアカウントが残存することでアカウントの不正利用や権限の不当な行使が生じるリスクへの対応として，ユーザアカウントの棚卸（アカウントおよび権限の網羅的な要否確認）が定期的に行われていることを確かめます。 棚卸の頻度はアカウントや権限に変更が生じる頻度に応じて設定されますが，内部統制上の重要性が高いシステムであれば四半期に一度程度の頻度で実施することが望ましく，少なくとも年に一度は実施する必要があると考えられます。 業務ユーザとITユーザがともに利用するシステムにおいては，保守・運用担当者がシステムからアカウントや権限の情報を出力して関係各部門に配布し，各部門の責任者がアカウントおよび権限の要否を確認して返送，不要と判断されたアカウントを保守・運用担当者が削除するというプロセスで棚卸は進められます。具体的な評価項目としては次のようなものが挙げられます。 ・アカウントおよび権限の情報がシステムから正確かつ網羅的に出力されていること。 ・アカウントの利用者の所属部門に応じて，権限の要否を判断できる上席者が要否チェックを行っていること。 ・要否チェックにおいて自己レビューが生じていないこと（体制上アカウントを保持していない人物によるレビューが困難である場合，複数の担当者

---

[50]　棚卸において検知されるのは顕在化したリスク事象，すなわち不正アクセスや不正な権限の行使ではなく，アカウントの登録・変更・削除に関する内部統制のエラーによって過剰な権限を保持したアカウントが存在しているという状態です。このため，棚卸は厳密には発見的統制ではなく，アカウントの登録・変更・削除の統制に対する補完的統制であると表現する方がより正確であると考えられます。

によるレビューなどの牽制機能を導入していること）。

・全てのアカウントおよび権限について要否が判断され，不要と判断されたアカウントおよび権限が削除・剥奪されていること。

・削除作業後，再度アカウントおよび権限を正確かつ網羅的に出力し，不要なアカウントや権限が残存していないことを確認したうえで，棚卸の完了をIT部門責任者が承認していること。

不要と判断されたアカウントや権限については，棚卸時点で権限を保持していた理由を調査し，アカウントの登録・変更・削除の統制の不備に起因するものかどうかを判断することが求められます。また，モニタリングなどの補完的な発見的統制で過剰に付与されていた権限の不正な行使を検知できる仕組みになっていない場合，権限が不要になってから削除されるまでの期間にアカウントの不正利用や権限の不当な行使が生じていないかを調査[51]し，調査および対応の結果をIT部門責任者が承認していることもあわせて評価する必要があります。

なお，複数のグループ会社で共同利用しているERPシステムなどにおいて各利用会社で棚卸を行うような場合，「その会社に所属するユーザが利用しているアカウント」ではなく「その会社がオーナーであるデータやプログラムに対するアクセス権を保持しているアカウント」が棚卸（および棚卸の評価）の対象になります。例えば，システム内で会社コードやグループによってアクセス可能なデータ範囲を制限している場合，棚卸対象の会社のデータやプログラ

---

[51] 退職者アカウントの残存であれば，最終ログイン日の確認により退職日以降にアクセスが発生していないことを確認する手続が考えられます。異動に伴う権限の剥奪の場合は，権限剥奪時点までのアクションログをレビューすることが想定されますが，特にアプリケーションアカウントの場合には詳細なアクションログが取得できないことがあります。そのような場合には，例えば仕訳承認権限が残存していたのであれば該当の期間に承認された仕訳の一覧をレビューするなど，業務プロセス側の情報を利用して権限行使の状況を調査することが必要になります。

	ムにアクセス可能なアカウントを一覧化し，もし自社で利用していないアカウントが含まれていた場合には，そのアカウントのオーナーである関係会社と協議して権限を剥奪するように調整することが求められます。
予防 デフォルト特権アカウントのパスワード変更	デフォルト特権アカウントが不正に利用されるリスクへの対応として，パスワードが公知のものから変更されていることを確かめます。なお，監査人自身がすでに開発プロセスの中でパスワード変更を確認済みの場合は，手続の重複を避けて開発プロセスでの評価結果を利用することができます。（**図表 5 -11**「初期設定」の項参照）
予防 個人に与えられていない特権アカウントの貸出管理 予防 特権アカウント管理者交代時の遅滞ないパスワード変更	システムを管理するにはアカウントやデータ，プログラムをメンテナンスする必要があるため，システムの維持には 1 つ以上の特権アカウントが必要になります。しかしながら，特権を常時個人に付与することには権限濫用のリスクが伴います。 こうしたリスクへの対応として，特権を一部の限られたアカウントのみに付与し，業務上の必要性がある場合にのみ担当者に利用を許可するような貸出管理の仕組みが挙げられます。 貸出管理のプロセスでは，自身はシステムを利用しない特権アカウントの管理者を設置し，特権アカウントの利用申請を受け付ける都度パスワードを利用者に通知し，利用終了後にパスワードを変更することで特権アカウントの不正利用リスクに対応します。このプロセスを評価する場合，具体的な評価項目としては次のようなものが挙げられます。 ・貸出管理者は業務分掌上システムを利用する必要がなく，貸出管理対象のアカウントを自ら利用する動機を有していないこと。 ・全ての特権アカウントが貸出管理の対象となっていること。 ・パスワードを通知する前に，特権アカウントの利用が保守・運用責任者によって承認されていること。

	・アカウント利用者が作業終了を管理者に通知したのち，遅滞なくパスワードが変更されていること。 ・貸出管理者に変更が生じた際に，旧管理者がアカウントを利用できないようにパスワードを遅滞なく変更していること。 また，PAM（Privileged Access Management）の仕組みが導入されている場合は，その仕組みを理解して同様の観点（通常時に特権へのアクセスが制限されていること，適切な権限者による承認を受けなければ特権を利用できない仕組となっていること，作業後に権限が剥奪される仕組となっていることなど）からの評価が必要になります。特権利用の承認がPAMツール上の承認権限によって可能になる場合，PAMツールのアプリケーションアクセス制限やアプリケーションレイヤのIT全般統制を評価する必要性についても検討することが求められます。
発見 特権アカウント利用状況のモニタリング	予防的統制をバイパスして特権が不正に行使されるリスクへの対応として，特権アカウントの利用実績がレビューされて不正な利用が生じていないことが事後的に検証されていることを確かめます。 一般的にモニタリングにはアクセスログが利用されます。モニタリングの評価にあたっては，利用されているログの種類（ログインログ，アクションログなど）やフィルタリングの条件を理解し，モニタリングの範囲に不足がないことを確かめることが重要です。具体的な評価項目としては次のようなものが挙げられます。 ・モニタリング対象ログが保護対象へのアクセスを網羅的に含んでいること（異なるアクセスルートを利用して監視対象のログに記録を残さずアクセスすることができないこと）。 ・ログおよびログの取得・加工処理を行うスクリプトが不正な変更から保護されていること。 ・システムに記録された未加工のログ（生ログ）から監視対象の情報を抽出する際の条件が適切であ

り，本来監視対象とすべきイベントやアカウント
を除外していないこと[52]。
・ログが正確かつ網羅的にシステムから取得されて
おり，レビュー用に加工する過程でデータの欠損
が生じていないこと。
・全てのアクセスや変更が，変更依頼チケットなど
作業の正当性を支持する情報に紐付けられており，
紐づかないものについては調査が行われているこ
と。
・責任者が上記の観点を含めてモニタリング結果を
レビューし，承認していること。
・モニタリングの担当者および承認者（ログの出力，
加工，レビューの実施者）はモニタリング対象の
アカウントに対するアクセス権を保持していない
こと（自己レビューの防止）。

ログインログが監視されているのであれば，監査人
は特権を行使可能なアカウントを網羅的に特定し，
それらが全て監視対象に含まれていることを確かめ
る必要があります。同様に，実行されたコマンドな
どのアクションログが監視されているのであれば，
監査人は特権の行使を表すイベントやコマンドを網
羅的に特定し，それらが全て監視対象に含まれてい
ることを確かめる必要があります。

また，人間による利用が想定されていないシステム
用のアカウントが監視対象から除外されている場合
には，技術的に人間によるログインができない設定
になっていることを確かめることが求められます。
技術的には人間が利用可能であるものの，ログから
は人間による処理とシステムによる処理を区別でき
ず直接的なモニタリングが困難である場合には，リ

---

[52] 通常利用が想定されないアカウントであることを理由にモニタリングの対象から除外することは
できません。利用しないアカウントであればアカウントの削除もしくは無効化，あるいは権限を剥
奪することが望まれます。何らかの理由でアカウントおよび権限を保持する必要があるのであれば，
利用実績がないことをモニタリングのなかで確認する必要があります。

	モート接続を禁止したうえでそのアカウントへの切り替え処理（LinuxにおけるsuやWindowsにおけるrunas）の実行履歴をモニタリングするなどの代替的な対応が行われていることを評価することになります。
予防 強固なパスワードポリシーの設定 予防 多要素認証の導入	本来の利用者以外がアカウントにログインし，他の人物になりすましてシステム上で権限を行使するリスクへの対応として，強固なパスワードや多要素認証が強制されていることを確かめます。 パスワードの強度が十分かを判断する明確な基準はありませんが，公知のガイドライン等を参照しながら，各要素の組合せにより不正なログインのリスクがどの程度軽減されているのかという観点から強度を評価する必要があります。具体的な評価項目としては次のようなものが挙げられます。 ・十分に大きな最低桁数が設定されていること[53]。 ・複数の文字種（大小英字，数字，記号）を利用可能であること[54]。 ・認証失敗によるアカウントロックの閾値が十分に小さく設定されていること。 ・認証失敗によるアカウントロックの自動解除までに十分なインターバルが設けられていること。 ・ユーザが利用するデバイスにワンタイムパスワードを送信するMFAツール（Multi Factor Authentication）などを利用して多要素認証を強制してい

---

[53] 内閣サイバーセキュリティセンター（NISC）が公開している「インターネットの安全・安心ハンドブックVer5.00」（令和5年1月31日）では，10桁以上のパスワードが推奨されています。また，米国立標準技術研究所（NIST）が公表している「NIST SP800-63B Digital Identity Guidelines：Authentication & Lifecycle Management」（June, 2017）では，ユーザが任意に設定するパスワードであれば8桁以上，システムによって自動生成されるパスワードであれば6桁以上が必要であるとしています。

[54] 複数の文字種の組合せにより辞書型攻撃によるリスクを軽減できると考えられます。一方で，過度な複雑性を強制するとユーザがパスワードを記憶できず，パスワードをメモに記載するなどの対応がとられ，結果としてソーシャルエンジニアリングのリスクが高まる可能性があります。このため，NIST SP800-63B第4版の公開草案（2024年8月）では，記憶可能な文章（パスフレーズ）を利用するなど十分なパスワード長を確保する対応がパスワードの強度を高めるうえで有効であり，複数の文字種の使用を強制するべきではないとされています。

	ること。 基本的にはシステムのパスワードポリシーを評価しますが，システムによる強制が行われておらず個々のユーザによる運用に委ねられている場合は，十分なサンプル数を確保してパスワード入力を観察するなどの代替的な評価が必要になります。 上記の他にも，ユーザ名をパスワードに使用できないようにする，容易に推測可能なパスワード（P@ssw0rd!など）を禁止するなどの設定を評価することも考えられますが，パスワードポリシーとして強制できる範囲はシステムにより異なるため，仕組みを理解したうえで評価項目の組合せを決定する必要があります。 また，システムによっては共通のパスワードポリシーのみでなく，ユーザごとに異なるポリシーを割り当てることも可能であるため，各アカウントのプロファイルやグループポリシーの設定もあわせて確認することが求められます。

　論理アクセス制限の有効性を評価するためには，これらの観点をアプリケーション，DBMS，OS，クラウド，ネットワークなどのそれぞれのレイヤについて評価しなければなりません。ただし，アプリケーションレベルのアクセス制限がITへの依拠として識別されていない場合にはアプリケーションレイヤの評価が不要になる可能性があるなど，各レイヤの評価要否は保護対象のリソースがどのレイヤに存在するかに応じて個別に判断する必要があります。

　また，特権を付与されたインフラアカウントや重要権限を保持するアプリケーションアカウントを特定するためには，各レイヤにおいて権限がどのような仕組みで実装されているかを正確に理解する必要があります。権限の理解に関する具体的な手続や検討事項については**4.6**「アプリケーションアクセス制限の評価」で詳細に解説していますが，アプリケーション以外のレイヤのアクセス制限の評価においても同様の検討が求められます。

　さらに，ここまで述べてきた通りSSO（Single Sign On）やPAM（Privileged Access Management）のような仕組みが利用されている場合には，内部統制

の有効性を支えるシステムとしてそれらの仕組みを理解し，必要に応じてIT全般統制の評価対象に加えることになります。

　個別具体的な論点になりますが，しばしば議論を呼ぶ項目であるパスワードの定期変更についても確認しておきましょう。

　かつてはパスワードの定期的な変更がパスワードの盗難に対する一般的な対策として普及していましたが，2017年6月に改訂されたNISTのガイドライン「NIST SP800-63B Digital Identity Guidelines：Authentication & Lifecycle Management」にてパスワードの定期変更の強制が非推奨となり，変更が強制されるべきタイミングはパスワードが漏洩したときに限定されるようになりました。この変化はすでに日本でも取り入れられており，内閣サイバーセキュリティセンター（NISC）が公開している「インターネットの安全・安心ハンドブックVer5.00」（令和5年1月31日）でも，「パスワードの基準を定めず，定期的な変更のみを要求することで，パスワードが単純化したり，ワンパターン化したり，サービス間で使い回しするようになることの方が問題となります」（第6章1.8より引用）と説明されています。こうした状況を踏まえると，パスワードの有効期限の設定については評価対象としない，もしくは「有効期限が設定されていないこと」を評価項目に加えることが考えられます。

　一方で，組織のセキュリティポリシーが更新されておらず，パスワードの定期変更が依然として要求されていることも少なくありません。本来，情報セキュリティポリシーは少なくとも年に1回は直近の動向を反映して更新されるべきものですから，セキュリティポリシーが更新されていないこと自体がIT全社統制の有効性に疑問を投げかける要素であるとも考えられます。したがって，ポリシー更新時の情報収集や更新要否の判断がどのように行われているのかをIT全社統制の評価を通じて確認することが必要になります。

　また，セキュリティ管理の現場ではガイドラインの変更が認識されており，全社のセキュリティポリシーは更新されていないものの，情報システム部としての判断によりパスワードの定期変更を強制する設定を解除していることもありえます。このようなケースにおいては，パスワード管理に係るリスクは低減されているものの，全社のポリシーと異なる実務運用が現場判断で実行されている点についてリスクを検討しなければなりません。望ましい姿は，IT全社

統制における「情報と伝達」が円滑に機能し，ガイドラインの更新を認識している現場から情報が経営層に伝達され，セキュリティポリシーが適時に更新されるという流れであると考えられます。したがって，こうした情報の共有が組織内でどのように行われているのかをIT全社統制の評価を通じて確認することが必要になると考えられます。

■ 論理アクセス管理の評価における母集団

　論理アクセス管理の各統制を評価する際の母集団資料としては**図表5-29**に記載したようなものが想定されます（他のプロセスと同様に，棚卸やモニタリングなどの定期的に実行される内部統制は暦上の月や週が母集団になります）。

▶ **図表5-29　論理アクセス管理の評価における母集団資料**

統制活動	母集団資料
予防 個人へのアカウントの付与（共有アカウントを作成しない）	システム上に存在するアカウントの中に共有アカウントが存在しないことを，サンプリングではなくプロセスの理解と全アカウントの通査によって確認することが求められます。 新規ユーザアカウントの作成プロセスの理解を通じて個人ごとにアカウントを発行するプロセスになっていることを，ユーザアカウントの棚卸資料などの閲覧によって共有アカウントが作成されていないことを確かめます。
予防 アカウント登録や権限変更（付与）における事前承認	評価対象期間中に行われたアカウントや権限の追加が母集団になります。 順進の母集団資料としてはアカウント登録や権限追加の作業依頼の一覧を利用することが想定されます。順進の母集団資料を利用する場合は，アカウントメンテナンス権限を持つアカウントへのアクセス制限（特権アクセス管理）の内部統制が有効であり，作業依頼を起票せずにアカウントや権限が追加されるリスクが十分に低減されていることを確かめるなどの手続により，母集団資料の網羅性を評価することが求められます。作業依頼の一覧がチケット管理ツー

	ルなどから出力される場合の留意点はプログラム変更管理で変更管理チケット一覧を母集団資料として利用する場合と同様です（詳細は**図表5-18**参照）。 逆進の母集団資料としてはアクションログからアカウントや権限の追加の実行実績を抽出するか，アカウントおよび権限の前期末における一覧と評価期間中に取得した一覧を比較して追加されたアカウントと権限を特定することが考えられます。 一覧を比較する方法を採用する場合には棚卸時の資料を利用することが想定されますが，システムからアカウントおよび権限が正確かつ網羅的に出力されていることを棚卸の評価の中で確かめていることが前提となります。また，プログラム変更管理でタイムスタンプ一覧を母集団資料として利用する場合と同様，短期間で追加・削除が行われたケースを把握できない点には留意が必要です（詳細は**図表5-18**参照）。
予防 退職者アカウントの遅滞ない削除もしくは無効化 予防 異動などに伴い担当業務に変更が生じた際の遅滞ない権限変更（剥奪）	評価対象期間中に発生したアカウントや権限の削除ではなく，アカウントや権限の削除が必要になるようなイベント，すなわち業務上の役割の変更が母集団になります。IT全般統制におけるほとんどの統制がシステムに変更を加える際のリスクに対応しているのに対して，アカウントの削除や権限剥奪は必要な変更が適時にシステムに反映されないリスクに対応しているため，逆進の母集団資料ではなく順進の母集団資料を利用することが適切になります。 業務上の役割の変更は人事発令等に基づいて行われるため，評価対象期間中の人事発令の一覧を入手し，期初時点でアカウントを保持していた人物に対するアカウントや権限の削除を必要とするような発令を特定して母集団資料とすることが考えられます。代表的な発令としては退職，異動，休職，出向など所管プロセスの変更を伴うものが挙げられますが，昇格によって担当者から承認者になるなど，所管プロセスは変わらないものの役割が変化することで必要

	な権限が変わることもあるため，質問などの手続によって各発令が付与すべき権限に与える影響の詳細を確認する必要があります。 また，外部委託先の体制変更に伴う権限剥奪やインフラ保守担当チームからアプリ保守担当チームへの配置換えなど，人事発令からは特定できないイベントによる権限変更がある場合は，前期末および評価時点の組織図や体制図を入手し，両者を比較することで担当者の変更を特定するなどの代替的な手続によって母集団を特定することが求められます。
予防 デフォルト特権アカウントのパスワード変更	原則として，サンプリングではなく全デフォルトアカウントについて評価することが求められます。一方で，公知の初期パスワードから変更されていることを一度確認すれば翌年にもう一度同様の確認をする必要はないと考えられるため，2年目以降は過年度の評価結果を利用して評価を効率化できると想定されます。
予防 個人に与えられていない特権アカウントの貸出管理 予防 特権アカウント管理者交代時の遅滞ないパスワード変更	貸出管理の評価については，特権アカウントの利用実績が母集団になります。順進の母集団資料としては貸出申請の一覧，逆進の母集団資料としては特権アカウントへのログインログが利用できると考えられます。 順進の母集団資料を利用する場合は，特権アカウントの利用状況のモニタリングにおいて貸出申請に紐づかない利用が検知されていないことを確かめるなど，貸出申請をバイパスした利用が生じていないことを検証することで母集団資料の網羅性を評価することが求められます。 また，管理者の交代は通常頻繁に発生するものではないことから，質問や体制図の閲覧，前期評価時点での管理者との比較などを通じて担当変更の有無を確認することになります。
予防 強固なパスワードポリシーの設定	複数のアカウントに適用されるポリシー（全アカウントに適用される共通パスワードポリシーや一部のアカウントのみに適用されるグループポリシー）に

予防	ついては，サンプリングではなく全てについてその内容を確認することになります。
多要素認証の導入	共通の設定が適用されず，個々のアカウントごとに設定される項目を評価する場合には，特権アカウントについては全てを評価して一般アカウントについてはサンプリングにより評価するなど，リスクに応じて評価範囲を決定することが求められます。

■ 物理アクセス管理のプロセス

　クライアント/サーバー方式を採用しているシステムにおいては，物理アクセスよりも論理アクセスの評価に重点を置くことが一般的です[55]。これは，仮にサーバー本体に対して物理的なアクセスが行えたとしても，システムに対して恣意的な変更を加えるためには論理アクセス権が必要になること，システムのデザインとして物理アクセス制限よりも論理アクセス制限に重きを置いてユーザのアクセスを管理していることが理由です。**図表 5 -25**の例においても，保護対象のデータやプログラムにアクセスするためには論理アクセスの認証・認可が要求されています。

　一方で，データの保管や処理がホストコンピュータ（メインフレームなど）に集約され，特定の入出力装置（作業用端末）からのみシステムにアクセス可能であるようなシステムの場合，作業端末が設置されたオペレーションルームへの物理アクセス制限を重点的に評価することも選択肢となります。

　物理アクセス制限を評価する場合，施錠の状況や入退室管理の手続を評価することが求められます。具体的な統制活動と評価観点としては**図表 5 -30**のようなものが挙げられます。

---

[55] 論理アクセス権を保持していなくても，物理アクセス権を保持していればシステムを破壊して可用性を損なうことは可能です。しかしながら，従業員やデータセンター職員がシステムを物理的に破壊する動機を保持していることは通常想定されません。機密情報が漏洩するリスクやハードウェアなどの媒体が窃取されるリスクへの対応として物理アクセス制限の内部統制は重要ですが，財務報告の信頼性に係る内部統制という観点からは，任意監査としてのシステム監査における評価（一般的なシステム管理の観点）に比して物理アクセス制限の重要性は必ずしも高くないと考えられます。同様に，無停電電源装置や消火設備の導入といったアクセス制限以外の物理セキュリティについても，財務報告の信頼性を担保するという文脈では相対的に重要性が低くなると考えられます。

▶（再掲）図表 5 -25　システム構成図例

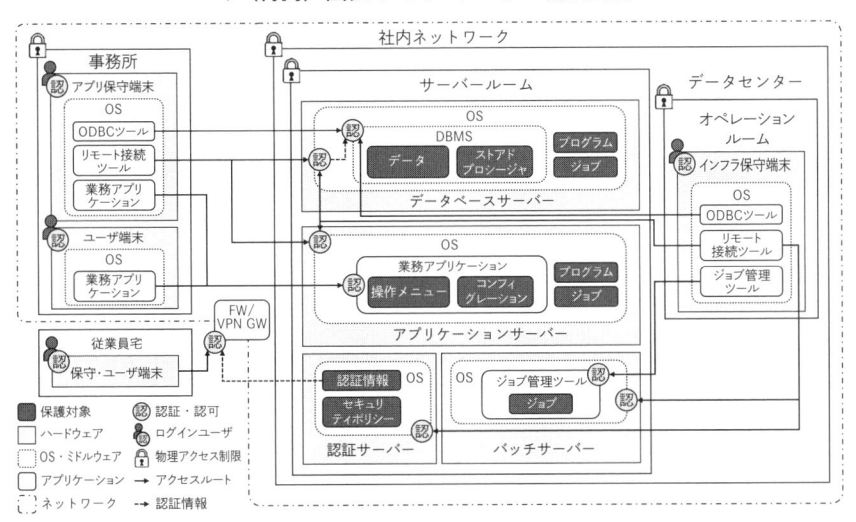

▶ 図表 5 -30　物理アクセス管理の統制活動と評価観点

統制活動	評価観点
予防 セキュリティエリアの施錠と入室時の認証	サーバールームやオペレーションルームなど，業務上の必要性のある人物にのみアクセス権を付与すべき領域（セキュリティエリア）に関係者以外が立ち入るリスクへの対応として，共用エリアとの境界が明確に区切られて施錠等によって不正な侵入が防止されていることを確かめます。具体的な評価項目としては次のようなものが挙げられます。 ・保護対象へのアクセスを制限するように，セキュリティエリアが適切に設定されていること。 ・扉やセキュリティゲートによってセキュリティエリアがその他のエリアから明確に隔離され，施錠等により立ち入りが制限されていること。 ・セキュリティエリアに立ち入る際には，物理的な開錠，パスコードの入力，セキュリティカードや生体情報による認証などの手続が要求されていること。 ・セキュリティエリアへの立ち入りを許可された人

	物の後に続いてゲートを通過するなど，不正な方法により認証がバイパスされることを防止する仕組みが導入されていること（共連れの防止）。
予防 セキュリティエリアへのアクセス権の付与における事前承認	セキュリティエリアへのアクセス権限が業務上必要最低限の範囲を超えて付与されることで職務分掌が無効化されるリスクへの対応として，新たなアクセス権の付与を責任者が事前に承認していることを確かめます。 具体的な評価観点は論理アクセス制限における「アカウント登録や権限変更（付与）における事前承認」と同様です。 なお，通常業務では立ち入らないエリアへの立ち入りについて，管理者からの鍵の貸し出しなどによって都度アクセス権を付与するようなケースにおいては，利用者・利用理由・貸出時刻・予定返却時刻・実際返却時刻などを台帳に記録し，予定返却時刻と実際返却時刻の乖離が大きい場合にはその理由を確認するなどの統制も考えられます。したがって，実際の評価にあたっては，アクセス制限のプロセスを正しく理解して評価項目を調整する必要があります。
予防 セキュリティエリアへのアクセス権の遅滞ない剥奪	退職や異動によりセキュリティエリアへのアクセスを許可されなくなった人物が過去に付与された権限を継続的に利用するリスクへの対応として，権限が遅滞なく剥奪されていることを確かめます。 権限の剥奪の方法にはセキュリティカードの無効化や生体認証情報の削除，パスコードの変更などの対応が考えられます。なお，貸与していた物理的な鍵を回収することで権限を剥奪する場合，鍵のコピーが作成されているリスクが残存する点に留意する必要があります。 具体的な評価観点は論理アクセス制限における「退職者アカウントの遅滞ない削除もしくは無効化」および「異動などに伴い担当業務に変更が生じた際の遅滞ない権限変更（剥奪）」と同様です。

補完	業務上の必要性がないにもかかわらずセキュリティ
セキュリティエリアへのアクセス権保有者の定期的な棚卸	エリアに立ち入り可能である人物がいる状態が長期間継続するリスクへの対応として，権限保持者の定期的な棚卸が実施されていることを確かめます。セキュリティカードや生体認証を利用している場合にはシステムから出力した権限保持者の一覧をレビューすることが想定されます。また，共通のパスコードを利用している場合や鍵を貸し出すことでアクセスを制限している場合，パスコードを知る人物や鍵の貸与者を管理する台帳をレビューするなどの手続が考えられます。具体的な評価観点は論理アクセス制限における「ユーザアカウントの定期的な棚卸」と同様です。

　その他にも，入退室ログのモニタリングや監視カメラの設置などが物理アクセス管理に係る代表的な内部統制として挙げられます。評価範囲をどこまで拡大するかは，物理アクセス制限が財務報告の信頼性を担保するうえでどの程度重要な役割を果たしているかに応じて，費用対効果を考慮しながら監査人が判断することになります。

5.8　End User Computing（EUC）

　End User Computing（EUC）は，システムの開発・保守・運用を専門とする情報システム部ではなく，業務ユーザ自身が業務に利用するプログラムを作成して活用することを指します。具体的には，スプレッドシートの利用やRPA（Robotic Process Automation）ツールの利用，スクリプトによる処理の自動化などが挙げられます。

　財務諸表監査やSOX監査の観点からは，EUCによって開発されたプログラムや自動処理はITへの依拠として，その管理体制はIT全般統制として評価する必要があります。情報システム部などにより管理されるシステムであってもEUCであっても，ITへの依拠やIT全般統制の管理や評価の観点に変わりはな

く[56]，その処理内容や管理体制に応じたリスクを識別し，リスクに対する内部統制の整備・運用状況を評価することが求められます。

　EUCの管理および評価が情報システム部の管理下にある基幹システムなどの管理および評価と最も異なる点の1つとして，EUCにおいてはITと業務の職務が分離しておらず，本番環境と開発・テスト環境の分離やバージョン管理の仕組みも不十分なことが一般的であることが挙げられます。このような差異に起因して生じるEUCの課題，リスク，リスク対応を整理すると**図表5-31**のようになります。

▶ **図表5-31　EUCに関する課題とリスク，リスク対応**

課題	リスクおよびリスク対応
開発管理 EUCにより開発したツールの利用が認識されていない	ユーザが個々人の判断により業務効率化のためにEUCツールを導入している場合，財務報告プロセスにおけるリスクの所在を正確に把握できず，必要な内部統制を整備できないリスクがあります。 業務プロセスの責任者は各プロセスで利用されているEUCツール（スプレッドシートやスクリプト）を網羅的に把握して一覧化して管理し，内部統制上重要なツールについてはIT全般統制の各プロセスに準じた管理手続[57]を導入することが求められます。
開発管理/変更管理 処理の正確性が，利用開始前や修正適用前に十分に検証されていない	EUCの開発者は必ずしもプログラミングや開発手続に精通しておらず，処理の正確性についての検証が不十分なままツールの利用が開始されてしまうリスクがあります。

56　「システム管理基準」は，EUCとその他のシステムの管理に差異はないという立場から，EUCを独立した管理項目として区別していません。一方で，「システム管理基準追補版」は，経理部などで利用されるスプレッドシートが財務報告の信頼性を担保するうえで重要な役割を果たすことがあることを踏まえて，スプレッドシートの管理を独立した項目として取り上げています（第IV章　IT統制の導入ガイダンス　4．IT業務処理統制（4）スプレッドシート等）。

57　EUCの管理に関する全社的な方針を作成したうえで，個別具体的な管理方法についてはツールごとに検討することが求められます。全社的な方針の作成にあたっては，ITツールの管理に十分な知見を有する情報システム部や内部監査人の関与が期待されます。

	ツールの利用開始前に情報システム部がコードをレビューする，上席者が業務内容と処理内容が整合していることをレビューするなど，ツール作成者以外の人物による検証の後に利用を開始するようなプロセスを整備することが求められます。
変更管理 処理内容やパラメータ，データの変更が制限されていない	ツールやスクリプトにファイルレベル，あるいはより詳細なレベルのアクセス制限が課されていない場合，ツールの利用者が処理の実行時に処理内容や処理に利用されるパラメータ，データなどを変更するリスクがあります。 スクリプトであれば管理者以外が編集できないように編集権限を制限する，スプレッドシートであればユーザが情報を入力する箇所以外を全てパスワードによりロックするなどの方法により，処理の一貫性を担保することが求められます。 また，アクセス制限による細やかな保護が難しい場合には，処理の実行結果を操作する動機を持たない人物を処理の実行者に任命するなどの職務分掌を確立することで，処理やパラメータ，データの故意による改ざんを防止することも考えられます。
変更管理 変更履歴を追跡できない	EUC の管理においては，情報システム部管理下のシステムと異なり，バージョン管理ツールなどが導入されていないことが一般的です。このため，最新版の所在がわからなくなってしまうリスクや，利用開始以降に加えられた変更の実績を事後的に把握できないリスクがあります。 ツール開発者以外の管理者を設置して管理者にのみ編集権限を与え，変更時には管理者から更新用のファイルを受け取らなければならないようにし，管理者が変更の履歴を台帳管理するなどの代替的なバージョン管理手続が考えられます。 また，ツールの仕様などの理由により十分なアクセス制限を課すことが難しい場合には，最新版のスクリプト/スプレッドシートをアーカイブして保管し，定期的に業務で利用されているスクリプト/スプ

	レッドシートと比較することで，変更の発生状況をモニタリングするなどの代替的なリスク対応が必要になります。
変更管理 テスト環境と開発環境が分離されていない	スプレッドシートやスクリプトに変更を加える際，業務で利用されている最新のファイルを直接編集してしまうと，更新に誤りがあっても切り戻しが行えないリスクやファイル上に保存されているデータが意図せず更新されてしまうリスクがあります。 更新作業時にはコピーファイルを作成する，業務上利用しているデータを直接更新しないなどの運用ルールを明確にしてプログラムやデータを保護する必要があります。
アクセス制限 ツールが利用するアカウントに広範な権限が付与されている	スクリプトやスプレッドシートを利用したEUCでは，処理を開発したユーザ（開発者）自身のアカウントおよび権限を利用して処理が実行されることが一般的です。一方で，RPAツールを組織として正式に利用している場合，RPAによる自動処理のためのアカウントがユーザ個人のアカウントとは別に作成されていることがあります。RPA用アカウントに広範な権限が与えられている場合，開発者（ユーザ）が業務分掌上許可された範囲を超えた処理をRPA用アカウントを通じて実行するリスクがあります。 そうした環境においては，管理者が把握していないツールが開発されることのないように，RPA開発ツール自体へのアクセスを制限し，適切な申請・承認プロセスを経てのみ新しい自動処理を設計できるようにするなどのリスク対応が必要になります。特に，ITへの依拠としてアプリケーションアクセス制限が識別されており，RPAアカウントがアクセス制限における重要権限[58]を保持している場合には，不正な利用への対策を十分慎重に講じることが求められます。

58　ここでいう「重要権限」は，内部統制上重要な操作の実行を可能にする権限を指します（4.6「アプリケーションアクセス制限の評価」参照）。

　評価観点は**図表 5 -31**に記載したリスク対応の記述の裏返しであり，その他のIT全般統制の各論点とあわせて評価することが必要になります。ただし，処理内容を不正な変更から保護するためのアクセス制限が不十分な場合や，実際に発生した変更が台帳などで管理されていない場合，変更管理の評価の網羅的な母集団を監査人が取得することが困難になり，全般統制について十分な評価を実施できないことも考えられます。（IT全般統制に依拠しない形でITへの依拠の信頼性を検証する際の検討事項については**4.11**「IT全般統制に依拠しない評価方法」参照）

　したがって，監査人は業務プロセスの実態や補完的なマニュアル統制，母集団資料を含む監査証拠の保全状況を総合的に検討したうえでEUCツールを評価対象に含めるか否かを判断しなければなりません。同様に，業務プロセスのプロセスオーナーは，内部統制上重要な処理にEUCツールを利用するのであれば，ツールを管理するプロセスについても十分な内部統制（IT全般統制）を整備・運用する責任を負うことになります。そうした対応が困難なのであれば，EUCツールによる処理が完了した後に都度処理結果をレビューして承認記録を残すといった補完的なマニュアル統制を導入するなどの代替的なリスク対応が必要になります。

5.9　外部委託先における統制活動の評価

　内部統制活動の一部または全てを外部委託先で管理しているプロセスにおいては，外部委託先における内部統制の有効性がリスク管理上重要になります。仮に委託元で整備・運用している内部統制が有効であったとしても，委託先における内部統制に不備があれば関連するリスクを十分な水準まで低減させることができないと想定されます。

　IT全般統制に関しては，システム管理プロセス全体がBPO（Business Process Outsourcing）の対象となっていることもあれば，システムの監視や障害対応といった一部のプロセスのみが外部委託されていることもあります。また，データセンターのハウジングサービスやホスティングサービスを利用している場合は，サーバールームへのアクセス制限などの物理セキュリティに関

する内部統制はデータセンターの運営会社によって整備・運用されることになります。

　近年では多くの企業がクラウドサービスを活用しており，IT全般統制の一部をクラウドサービスプロバイダーに委託している状況にあります。クラウドサービスでは責任共有モデル（共同責任モデル）の考え方が採用されており，クラウドサービスの利用者と提供者がそれぞれ自身の管理範囲内におけるセキュリティ対策を実施することで初めてシステム全体のセキュリティが担保される仕組みになっています。したがって，サービスの特徴と責任分界点を正確に把握し，システム内の各レイヤにおいて内部統制の整備・運用に責任を負う主体を特定することが重要になります。

　IaaS（Infrastructure as a Service）であれば，物理基盤と仮想基盤の管理はクラウド事業者によって行われ，ユーザ企業は仮想サーバーの立ち上げなどの操作により仮想環境の構築を要求するとともに，OSレイヤ以上の領域について管理責任を負います。また，PaaS（Platform as a Service）であればクラウド事業者がミドルウェアの管理まで責任を負い，ユーザ企業はアプリケーション構築環境の機能を通じてミドルウェア（主としてDBMS）の一部を管理するとともに，アプリケーションレイヤ以上の領域について管理責任を負います。SaaS（Software as a Service）であれば，クラウド事業者がアプリケーションの機能性までの全ての範囲を管理し，ユーザ企業は利用されるデータやアプリケーション上のコンフィグレーション，アカウントの管理といった一部の領域についてのみ管理責任を負うことになります。

　上記の内容を整理すると**図表5-32**のようになります。なお，あくまでクラウドサービスにおける一般的な責任分界であり，詳細な責任分界点は個々のサービス・契約ごとに確認する必要があります。

　外部委託される業務の範囲は様々であるため，財務諸表監査やSOX監査において，監査人はウォークスルーを通じて各プロセスにおける外部委託先の役割を理解し，外部委託先で実施されている内部統制が財務報告の信頼性を担保するうえで重要かどうか（外部委託先によって実施されるキーコントロールの有無）を判断しなければなりません。

　例えば変更管理の統制において，委託先のベンダーがITテストを実施してその結果を委託元に報告しており，委託元（財務諸表監査やSOX監査の被監

▶ **図表 5 -32　クラウドサービスの責任分界点**

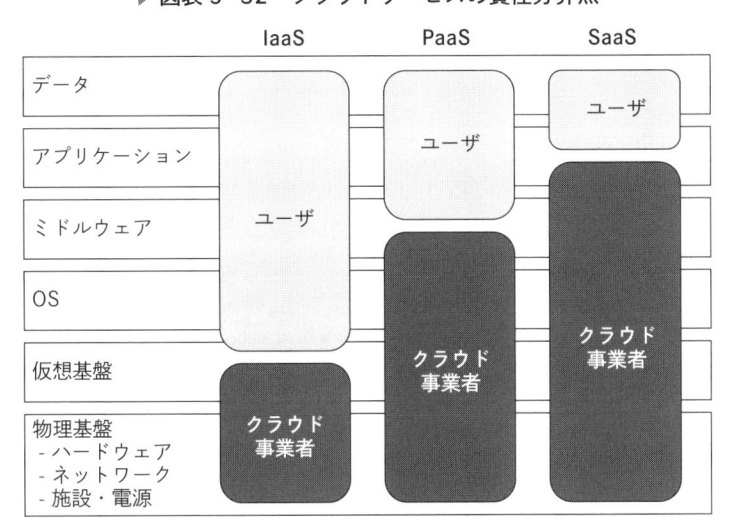

出典：クラウドサービス提供における情報セキュリティ対策ガイドライン（第 3 版）
（総務省，2021 年 9 月）をもとに筆者作成

査会社）でテスト結果を承認するようなプロセスの場合，委託先にて必要な検証が実施され承認されていることが委託元の内部統制の中で確認されているといえます。そのようなケースでは，委託元における承認をキーコントロールとして識別し，委託先における IT テストのプロセスはキーコントロールではないと判断することも考えられます。一方で，バグ修正などのユーザ起案でない変更案件については委託先にて変更申請から本番環境の更新までの一連の手続が完結しており，委託元が関与しないプロセスになっているような場合，委託先における変更管理の内部統制が委託元にとってのキーコントロールになると考えられます[59]。

　外部委託先にキーコントロールが存在する場合，内部統制の有効性を評価する監査人は外部委託先における統制活動も評価することが求められます。内部

---

[59]　委託元には委託先の業務遂行状況を監視する責任があるため，月次定例会などで本番適用された変更やその顛末について報告を受けていることが一般的です。しかしながら，変更管理の内部統制においては変更を適用する前の検証および検証結果の承認が重要であり，定例会において委託元が事後的に承認するのみでは本番環境に十分に検証されていない変更が加わるリスクを十分に低減することはできず，財務報告の信頼性を維持するためには委託先の内部統制に依拠する必要があると考えられます。

統制の実施者が被監査会社（委託元）であれ委託先であれ，監査上評価する必要がある観点に変わりはありません。外部委託先を評価する方法は証跡の入手方法によって**図表5-33**に示した3つの分類に大別できます。

▶ **図表5-33　外部委託先が実施する内部統制の評価方法**

分類	概要
委託元を通じて委託先における内部統制の実施記録を入手する	プロセスやオペレーションの一部を外部委託先が実施しているものの，委託元企業の指揮命令下で委託先職員が受託業務を遂行している場合など，内部統制の実施記録を委託元会社自身が入手していることがあります。 そのようなケースにおいては，委託元企業による委託業務の監視活動に利用される資料を活用しつつ，必要に応じて委託元企業を通じて委託先から追加的な証跡を入手することが考えられます。 具体的には，委託元企業のオンプレミスシステムの保守運用を外部に委託しているものの，委託先の職員が委託元に常駐しており，適時に情報や資料が共有されている場合などが想定されます。
委託元企業の監査人が委託先企業を直接評価する	内部統制活動が委託先で完結しており委託元が関与していない場合などには，委託元企業の内部統制を評価している監査人が外部委託先の内部統制を直接評価することが考えられます。 具体的には，委託元企業の監査人がホスティングサービスを提供するデータセンターを直接往査する場合や，グループ会社にIT統制を含むITサービスを提供する子会社，シェアードサービスセンターなどをグループ監査の対象に含めて評価する場合などが想定されます。
委託元企業の監査人が，委託先企業の監査人が発行したレポートを評価して利用する[60]	委託先が実施している内部統制の有効性について監査人が意見を表明しているレポートを入手可能な場合，委託元企業の監査人はそのレポートの内容を評価することで委託元企業にとって重要な内部統制が有効に整備・運用されていることを確認できると考

	えられます。 具体的には，クラウドサービス事業者の監査人が発行しているSOCレポートの利用などが想定されます。

　監査証跡の取得可否は委託契約やSLA（Service Level Agreement）の取り決めに依存するため，委託元企業が委託契約を締結する際に監査権や証跡収集への協力などを合意事項に盛り込んで可監査性を担保することが重要です。また，クラウドサービスの利用時など，個別に委託契約やSLAを締結せずにサービスプロバイダが提示する条件に合意してサービスの利用を開始するような場合においては，委託会社はサービスの利用を開始する前にSOC 1 Type 2 レポートの利用可否を確認する必要があります。レポートが発行されていない場合や評価対象期間や発行時期の条件が合わない場合，サービスを利用しているプロセスについて監査人が十分な監査証跡を入手できないことが懸念されます。

　「委託元を通じて委託先における内部統制の実施記録を入手する」場合や「委託元企業の監査人が委託先企業を直接評価する」場合には，証跡の取得経路こそ異なるものの，監査人の評価観点そのものについては内部統制が外部に委託されていない場合と変わりません。したがって，以下では「委託元企業の監査人が，委託先企業の監査人が発行したレポートを評価して利用する」場合について詳細な観点を紹介します。

　財務諸表監査やSOX監査において委託先企業の監査人が発行したレポートを評価して利用する場合，財務報告の信頼性に係る内部統制の整備状況ならびに運用状況の有効性を報告するレポートであるSOC 1 Type 2 レポートを利用することが想定されます。クラウドサービスを例にSOC 1 Type 2 レポートの発行および利用に関係する主体を整理すると**図表 5 -34**のようになります。

　SOC 1 Type 2 レポートを利用する場合でも，内部統制の有効性という観点から考慮すべきリスクや評価観点は内部統制が外部に委託されていない場合と変わりません。しかしながら，**図表 5 -34**に示した通り，SOC 1 Type 2 レポー

60　グループ監査人が構成単位の監査人にインストラクションを発行して評価を依頼し，評価結果をレポートとして受領することも考えられます。そのようなケースでは評価範囲の決定権および責任はグループ監査人にあることから，本書では「委託元企業の監査人が委託先企業を直接評価する」のケースに分類します。

▶ 図表 5-34　クラウドサービスの利用と SOC 1 Type 2 レポート

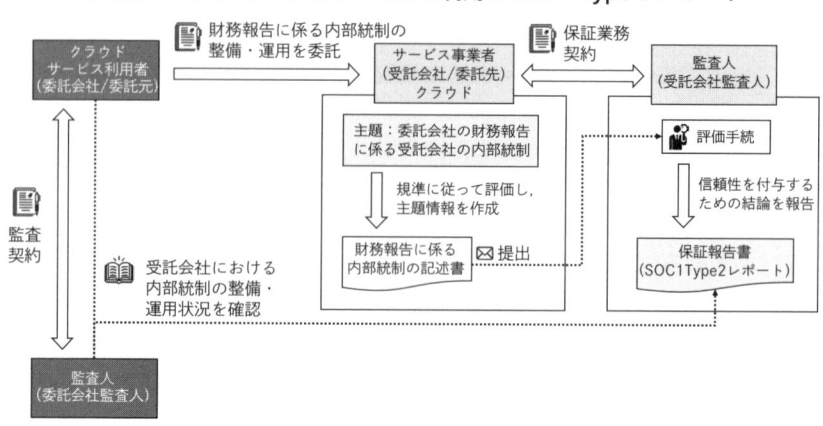

トは受託会社（委託先）と受託会社監査人の契約に基づいて発行され，その利用者である委託会社（委託元）や委託会社監査人は評価項目の決定プロセスに関与しないため，必ずしも個々の委託会社が必要とする内部統制に言及されているとは限りません。

したがって，SOC 1 Type 2 レポートの利用者は，レポートに記載されている統制目的や統制記述，監査手続を精査し，委託会社にとって重要な内部統制に関する記述が含まれていることを確かめることが求められます。委託会社監査人が SOC 1 Type 2 レポートを利用する際の具体的な検討事項としては**図表5-35**のようなものが挙げられます。

▶ 図表 5-35　SOC 1 Type 2 レポートの評価観点

観点	検討事項
受託会社監査人のスキルと独立性	第三者の発行したレポートに依拠する場合，監査人（委託会社監査人）はその発行主体（受託会社監査人）が信頼に足るかどうかを評価する必要があります。具体的には，SOC 1 Type 2 レポートの範囲に含まれる内部統制を評価する十分なスキルを有していること，受託会社からの独立性を維持していることを確認することになります。 受託会社監査人のスキルが不足している，もしくは独立性が保たれていないと判断した場合，委託会社

	監査人はSOC 1 Type 2 レポートを利用できず，代替的な評価方法を検討しなければなりません。
レポートの評価対象期間	SOC 1 Type 2 レポートは一定の期間における内部統制の有効性に対する評価を報告するレポートであるため，受託会社監査人は評価対象期間を区切って内部統制の運用状況評価を実施しています。 SOC 1 Type 2 レポートの評価対象期間と委託会社の会計期間が一致しない場合，内部統制の有効性について十分な監査証拠を入手できない可能性があります。例えば，SOC 1 Type 2 レポートが20X1年 1 月から同年12月を評価対象としているのに対し，委託会社の財務諸表監査の対象が20X1年 4 月から20X2年 3 月である場合，20X2年以降の内部統制の有効性についてSOC 1 Type 2 レポートから監査証拠を入手することはできません。 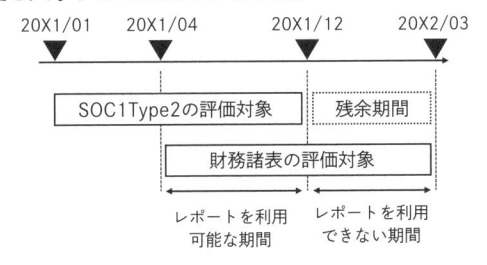 したがって，委託会社監査人は残余期間の長さや委託業務に関連するリスクの程度，補完的な内部統制や監査手続を考慮して残余期間について追加的な証跡を入手する必要があるかを検討する必要があります。（本表「残余期間への対応」の項参照） なお，レポートの評価対象期間が完全に委託元の会計期間の対象外となるような場合，会計期間中の内部統制の有効性に関する情報が提供されているとはいえず，レポートを運用評価手続に利用することができません。このため，例えば前年度のSOC 1 Type 2 レポートのみが入手可能な場合，その内容に依拠して監査を実施することは認められません（保証業務実務指針3000 実務ガイダンス第 4 号「受託業務

	に係る内部統制の保証報告書に関するQ&A（実務ガイダンス）」（日本公認会計士協会 監査・保証基準委員会，2022年10月13日）Q15）。
レポートの発行時期	レポートの評価対象期間だけでなく，レポートの発行日も予め確認し，監査スケジュールに鑑みて利用可能かどうかを判断する必要があります。レポートの発行日が監査意見日よりも遅い日程である場合，評価期間が適切であっても監査証拠として利用することはできず，代替的な評価方法を検討しなければなりません。 下図の例では，年2回（上期・下期）レポートが発行されており委託元の会計期間と合致しているものの，下期分のレポートが監査意見日に間に合わないため，上半期における内部統制の整備・運用状況についてのみレポートに依拠することができます。 20X1/04　20X1/09　上期分発行日　20X2/03　下期分発行日 上期の評価対象　下期の評価対象　監査意見日 財務諸表の評価対象 レポートを利用可能な期間　レポートを利用できない期間
残余期間への対応	レポートの評価期間や発行時期を踏まえて残余期間（レポートに依拠できない期間）が存在する場合，残余期間における内部統制の有効性について追加的な監査証拠を入手する必要があります（内部統制評価における一般的なロールフォワードの手続[61]に相当します）。 受託会社の協力を得られれば監査証拠を直接入手することも可能ですが，受託会社の発行するBridge

---

[61] 内部統制の評価を期中に実施しており，サンプリングにおける母集団の範囲が期末日までの全ての期間を含んでいない場合，評価対象期間後も内部統制が継続的に有効であったことを確認するための手続が必要になります。期中評価の結果を期末まで引き延ばすことからロールフォワード手続と呼ばれ，質問や母集団資料の通査，追加のサンプルの取得などの手続が残余期間の長さに応じて実施されます。

	Letter（Roll Forward Letter）を取得して最新のSOC 1 Type 2 レポートの評価対象期間末日から委託会社の会計期末日までの内部統制の状況（統制環境や内部統制の重要な変更の有無）を確認することが一般的です。
対象サービス（受託業務）の範囲	SOC 1 Type 2 レポートの評価対象となっている受託業務の中に，委託会社の依拠する内部統制が含まれていることを確認する必要があります。例えばクラウドサービス事業者が提供するSOC 1 Type 2 レポートを利用するのであれば，委託会社が利用している個別具体的なサービス（機能）が評価対象に明示的に含まれていることを確認します。 特に新規にリリースされた機能を利用しているような場合，リリース直後のSOC 1 Type 2 レポートの対象には新機能が含まれていないことも想定されるため注意が必要です。 依拠対象の内部統制やサービスがレポートの対象に含まれていない場合，委託会社監査人はそのレポートから監査証拠を入手することはできず，代替的な手続を実施しなければなりません。
統制目的，統制手続と評価手続	SOC 1 Type 2 レポートに記載されている統制目的や統制手続が委託会社の必要とする内部統制と合致しており，委託会社監査人が必要とする情報を提供できるような手続が実施されていることを確かめる必要があります。 例えば，クラウド会計アプリケーション（SaaS）のSOC 1 Type 2 レポートにおいて統制目的がIT全般統制に限定されている場合，自動計算や自動仕訳のようなITACの機能についてはレポートから監査証拠を入手できず，委託会社監査人自身が評価しなければその機能性に依拠することはできません。 また，評価対象期間に内部統制の実施を必要とする事象が発生しておらず，レポートにより運用状況評価の結果が提供されていないような場合，委託会社監査人は該当の内部統制の重要性や残余期間，受託

	会社の全社統制の有効性などを考慮して追加手続の要否を検討することが求められます。
内部統制の不備	SOC 1 Type 2 レポートにて全ての重要な点において受託会社の内部統制が有効に運用されていると結論付けられている場合においても，個別の統制活動については逸脱や不備が識別されていることがあります。したがって，委託会社監査人は依拠対象の内部統制および評価手続の全てについてその結果を確認し，逸脱や不備が識別されている場合には監査計画への影響を検討しなければなりません。 レポートの中で不備の影響範囲や改善措置の状況が報告されていることもありますが，特段の記述がない場合は受託会社における内部統制の逸脱や不備が委託会社の財務報告の信頼性に与える潜在的な影響とその発生確率を評価し，必要に応じて実証手続の拡大などの追加的なリスク対応手続を実施する必要があります。 なお，Bridge Letterは受託会社監査人ではなく受託会社自身が発行する資料であるため，最新のレポートで報告されている内部統制の不備の改善状況についてBridge Letterから十分な監査証拠を入手できることは通常想定されません。したがって，委託会社の監査意見日までに入手可能な最新のSOC 1 Type 2 レポートで未改善の不備が報告されている場合，原則として期末未改善不備として取り扱うことになると考えられます。
委託会社における相補的な内部統制	受託会社と委託会社の責任分界点の境界においては，リスクを十分に低い水準まで低減させるためには両者の内部統制を組み合わせなければならないことがあります。受託会社が統制目的を達成するうえで委託会社側で実施するべき内部統制を，委託会社における相補的な内部統制（CUEC：Complementary User Entity Controls）と呼びます。 例えばSaaS環境において論理アクセス制限の統制目的を達成するためには，サービス利用者である委託

	会社自身による適切なアカウント管理が必要です。あるいは，IaaS環境でOSレベルのセキュリティを担保するためには，委託会社による定期的なパッチ適用などの脆弱性対応が求められるかもしれません。SOC 1 Type 2 レポートには受託会社により識別された相補的な内部統制が記載されており，委託会社監査人はそれらの統制が委託会社において有効に整備・運用されていることを評価する必要があります。
再受託会社の業務範囲と評価状況	SOC 1 Type 2 レポートには，受託会社の委託先（再受託会社）にて実施される内部統制の有効性に関する記述が含まれる「一体方式」のものと，含まれない「除外方式」のものが存在します。利用するレポートが除外方式を採用しており，再受託会社が実施する内部統制が委託会社の財務報告の信頼性を担保するうえで重要である場合[62]，その有効性を委託会社監査人が評価することが求められます（具体的な評価方法は**図表 5 -33**の通りです）。例えばSaaS事業者がIaaS事業者の提供するインフラ環境を利用してサービスを提供している場合，SaaSを利用している企業の監査人はSaaS事業者とIaaS事業者の双方からそれぞれSOC 1 Type 2 レポートを入手して評価する必要があります。また，コンソーシアム型のブロックチェーンのような複数の組織で共同運用する分散システムを利用している場合，受託会社および再受託会社の範囲が広範にわたると想定されるため[63]，十分な情報を取得できるかどうかを監査計画の早い段階で確認することが重要になります。

---

[62] 保証業務実務指針3000 実務ガイダンス第 4 号Q 6 にて，再受託会社が提供するサービスが委託会社の財務報告に係る重要な内部統制に該当するかの具体例が紹介されています。

[63] 保証業務実務指針3701「非パブリック型のブロックチェーンを活用した受託業務に係る内部統制の保証報告書に関する実務指針」（日本公認会計士協会 監査・保証基準委員会, 2021年 4 月23日）《付録 4 》参照

再受託会社における相補的な内部統制	除外方式を採用しているSOC 1 Type 2 レポートでは，受託会社が統制目的を達成するうえで必要となる，再受託会社における相補的な内部統制（CSOC：Complementary Subservice Organization Controls）が記述されている場合があります。 委託会社における相補的な内部統制と同様に，委託会社監査人はそれらの統制が再受託会社において有効に整備・運用されていることを評価しなければなりません。
（SOX監査）委託会社による受託会社および再受託会社の内部統制の有効性の評価	委託会社が財務報告に係る内部統制を有効に整備・運用するためには，SOC 1 Type 2 レポートに依拠できる範囲を正しく理解するとともに，相補的な内部統制を整備する必要があります。また，SOC 1 Type 2 レポートに記載されている内部統制の不備が委託会社にとって重要である場合，補完的統制や代替的統制の構築により追加的なリスク対応をすることが求められます。 すなわち，委託会社が財務報告に係る内部統制の有効性を維持するためには，委託会社自身がSOC 1 Type 2 レポートを取得し，受託会社および再受託会社の内部統制の状況を確認したうえで，追加的なリスク対応の要否を判断しなければなりません。 したがって，SOX監査において委託会社の内部統制の有効性を評価する委託会社監査人は，委託会社がSOC 1 Type 2 レポートを取得して評価していることを確かめる必要があると考えられます。なお，委託会社に求められる具体的な評価項目としては，本表で挙げた各観点がそのまま当てはまります。

5.10　パッケージシステムの評価

　市販の簡易なパッケージソフトウェア[64]を利用しており，利用企業がソースコードやデータベースにアクセスすることができないような場合においては，ITの利用から生じるリスクが財務報告の信頼性に与える影響は高くない，すなわちシステム利用に係る固有リスクは相対的に低いと考えられます。固有リスクが低ければ統制リスクを十分に低い水準にするために必要な内部統制も軽減され，それに伴って内部統制の評価手続も簡便化できる可能性があります。

　ITACの評価については，例えば内部統制で利用されているレポートがパッケージソフトウェアの開発会社が提供している標準機能の一覧に明記されている場合，パッケージの利用実績や市場における評価に鑑みてレポートの機能を改めて評価せずとも正確性や網羅性に問題がなく信頼できると判断するなどの対応が考えられます。

　また，IT全般統制の評価においても，技術仕様が公開されておらずソースコードやデータにパッケージ利用会社が直接アクセスできないような場合，プログラム変更管理やインフラレイヤのアクセス制限に関する内部統制の評価を一部省略できるかもしれません。

　市販の簡易なパッケージソフトウェアを簡便的に評価する際の評価観点は**図表 5 -36**のように整理されます。

▶ **図表 5 -36　市販の簡易なパッケージソフトウェアの簡便的な評価**

観点	検討事項
環境理解 カスタマイズの有無	市販のパッケージソフトウェアの中には，一部機能を利用者の要望にあわせてカスタマイズできるものもあります。具体的には，他システムからインター

---

[64]　監基報315実務ガイダンス第 1 号A27では，「店頭販売されるようなカスタマイズできないパッケージソフトであり，多くの企業に使用され，その実績が認められている会計システムなどが該当」するとされています。カスタマイズできないパッケージ製品であっても，利用実績に乏しい場合や不具合が頻発している場合には必ずしもITの利用から生じるリスクの影響が小さいとはいえない点に留意が必要です。

	フェースによりデータを受け取る機能や業務要件に応じたレポート出力機能の追加などが挙げられます。カスタマイズされた領域については，パッケージではない通常のシステムと同様の評価が求められるため，ユーザガイドや機能一覧の閲覧を通じて製品の標準機能を理解するとともに，パッケージソフトウェアがインストールされているディレクトリの閲覧などによりカスタマイズの有無（カスタマイズされている場合はその範囲）を確認する必要があります。
環境理解 アプリケーションを介さないデータ更新の可否	パッケージソフトウェアが利用するデータにアプリケーションを介さずにアクセスできる場合，データの保護に関する内部統制の評価が必要になります。製品の仕様書やインストール手順書の閲覧を通じて，データベースの構築やデータ管理に関する手順が記載されているかなど確認することで，アプリケーションを介さずデータを直接更新することが技術的に可能であるかを確認する必要があります。
変更管理 バージョンアップの適用	カスタマイズされていないパッケージソフトウェアを利用している場合，利用会社の要望に基づく変更案件は通常発生しません。 しかしながら，不具合や脆弱性の修正や新機能の追加，新しい法制度への対応などのために開発会社がバージョンアップのためのパッチファイルをリリースすることがあります。ユーザ企業はバージョンアップの情報を収集し，その内容を踏まえて適用要否を検討することになります。 監査人は，バージョンアップの更新履歴や前期末時点と評価実施時点のバージョン情報の比較などにより期中に発生したバージョンアップを特定し，次のような事項を確かめることが求められます。 ・（全般統制）バージョンアップ実施前にその内容が確認され，ユーザ部門責任者がバージョンアップの適用を承認していること[65]。 ・（ITへの依拠）バージョンアップにより内部統制上重要な機能が更新されていないこと[66]。

	なお，カスタマイズが発生している場合は，カスタマイズ部分について通常のシステムと同様の変更管理の内部統制と評価が求められるほか，バージョンアップがカスタマイズされた機能に与える影響が事前に検証されていることの確認も必要になります。
運用管理 ジョブ管理	識別された IT への依拠の実行タイミングがジョブにより管理されている場合，ジョブ管理に関する一連の内部統制を評価することが求められます。 パッケージソフトウェアの中にジョブ機能が組み込まれている場合，ジョブ管理画面へのアクセス権が IT 部門などの保守担当者に限定され，不適切な変更から保護されていることを確かめる必要があります（IT 全般統制の観点から識別されるアプリケーションアクセス制限）。
運用管理 バックアップ・リカバリ	バックアップおよびリカバリについては，パッケージではないシステムの場合と同様の観点で評価することが一般的です。 パッケージをインストールしている環境全体のバックアップを外部のバックアップツールなどを利用して取得する方法と，パッケージ自体が提供しているバックアップ機能を利用する方法が考えられます。 パッケージが提供するバックアップ機能を利用している場合，重要な障害やサイバーセキュリティインシデントなどにより可用性が損なわれた際に速やかにリカバリできるように，データだけでなく各種設定値の情報などもバックアップされている（もしくは手動で再設定できるようにマニュアルなどが整備

65　パッケージでないシステムの運用管理プロセスにおけるパッチ適用と同様に，テスト環境でパッチの動作確認をしてから本番環境に適用することが理想的です。しかしながら，パッケージシステムの利用にあたってテスト環境が用意されることは多くありません。したがって，開発会社が機能検証をしたうえでリリースしている正規のパッチであることを前提にバージョンアップを適用し，不具合が発生した場合にはシステム全体をバックアップからリカバリするなどの代替的な対応が考えられます。

66　開発会社から提供されるバージョンアップは利用会社の業務要件の変更に基づくものではないため，内部統制上重要な機能に変更が生じた場合，業務要件とシステムが提供する機能に乖離が生じるリスクがあります。

	されている）ことを確かめる必要があります。
運用管理 障害管理	障害管理については，パッケージではないシステムの場合と同様の観点で評価することが一般的です。 なお，パッケージソフトウェアの場合は不具合を利用会社で修正することはできず，開発会社に報告して修正パッチの配布などを待つことになるため，不具合のある機能を利用しないようにするなど業務プロセス側の手続変更で対応せざるを得ないケースがあります。障害に伴う手続変更があった際には，業務プロセスにおける内部統制のデザインに与える影響を考慮し，必要に応じて監査手続に反映することが求められます。
アクセス制限 アプリケーションアクセス制限	アプリケーションアクセス制限についてITに依拠している場合には，アプリケーションレイヤのアクセス権について評価が必要になります。評価観点はパッケージでないシステムの場合と同様です。 環境理解を通じてカスタムプログラムが存在せず，アプリケーションを介さないデータ更新のリスクが十分に低いと判断した場合，インフラレイヤ（OS，DBMSなど）のアカウント管理についてはIT全般統制の評価対象に必ずしも含めなくてよいと考えられます。ただし，アプリケーションへのアクセスにSSO（Single Sign On）を利用しているような場合には，認証機能を提供しているインフラレイヤのアカウント管理やパスワードポリシーの評価が必要になる可能性があります。

第 6 章

IT環境とIT全社統制

本章では，ITガバナンスの全体像を概観するとともに，IT全般統制の前提となるIT環境やIT全社統制の評価における検討事項を整理します。また，2024年 5 月にJICPAから公表された「サイバーセキュリティリスクへの監査人の対応（研究文書）」を参照しながら，財務諸表監査において考慮すべきサイバーセキュリティリスクに係る論点を紹介します。

6.1 ITガバナンスと組織構造

5.2「IT環境の理解とIT全般統制の評価単位」では，特にIT全般統制の評価対象として識別されたシステムに関するIT環境について評価の観点を例示しました。しかしながら，企業全体のIT環境，すなわちITに係る統制環境を理解するためには，個別のシステムに限らない全社的な観点も求められます。企業全体のIT環境を決定付ける要素として，ITガバナンスの構造とITの管理に関する組織体制が挙げられます。

システム管理基準では，ITガバナンスとは「組織体のガバナンスの構成要素で，取締役会などがステークホルダーのニーズに基づき，組織体の価値及び組織体への信頼を向上させるために，組織体におけるITシステムの利活用のあるべき姿を示すIT戦略と方針の策定及びその実現のための活動」と定義されています。

ITガバナンスの基本的な構造は，経営者の指示のもとに遂行されるITシステムの管理プロセス（マネジメントプロセス）を取締役会などが監督するもの（ガバナンスプロセス）であると説明できます。

取締役会による監督は，ステークホルダーのニーズに基づいてITに求められる機能とリスクを評価して戦略および方針を立案する，その実現のためのITマネジメントの実践を経営者に指示する，経営者によるITマネジメントの遂行状況や目標の達成状況を監視するという活動により構成されます。ITマネジメントの範囲には財務諸表監査やSOX監査においてIT全般統制の評価対象とされるプロセスも含まれることから，ITガバナンスの構造および体制はIT全社統制の前提となる重要なIT環境の要素であるといえます（**図表6-1**）。

経営者の指示の下で遂行されるマネジメントプロセスに関するIT環境を理解するうえで，IT管理の機能が組織内でどのように配置されているかを理解することも重要です。例えば，全ての機能が情報システム部に集約されている中央集権型の組織構造の場合，全社的な方針や運用手順を均一に適用することは比較的容易であると考えられます。一方で，各事業部が個別にIT管理の機能を持つ分散型の構造においては，全社共通のルールとは異なる事業部独自の運用ルールが適用されることも想定されます。

▶ **図表6−1　ITガバナンスのプロセスと組織体制**

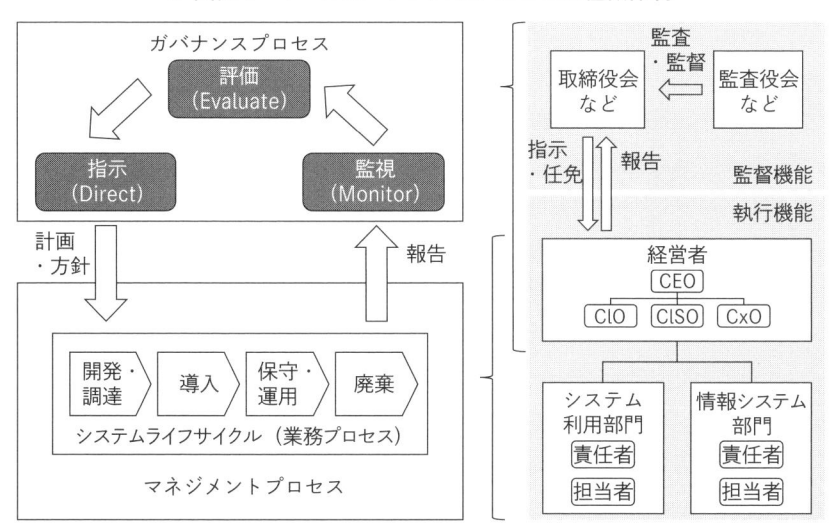

出典：ISO38500および「システム管理基準」をもとに筆者作成

　このように組織構造に応じて全社統制の強度やその遵守状況のモニタリング方法の在り方が異なることから，IT全社統制の評価の前提となるIT環境の理解の一環として，組織におけるITの管理に係る権限と責任の所在を正確に把握することが重要です。IT管理機能と組織構造の類型は**図表6−2**のように整理できます。

　また，ガバナンス体制と全社統制の関係性を理解するには，リスク管理体制の考え方である3ラインモデル（Three Lines Model）[67]が参考になります。このモデルはITに焦点をあてたものではなくガバナンス体制一般についての考え方を示したものですが，ITガバナンスおよびIT全社統制についても同様の考え方を適用できます（**図表6−3**）。

　統治機関たる取締役会などが企業風土や倫理観の確立といったリスク管理の前提となる統制環境を整備し，その下で全社レベルおよび業務プロセスレベル

67　IIA（The Institute of Internal Auditors：内部監査人協会）が2020年7月に公表したモデル。従来のThree Lines of Defense Model（3線防御）から“Defense”の記載が除かれ，ネガティブリスクだけではなくポジティブリスクも含めたリスクマネジメントのためのガバナンス体制を示すモデルに更新されています。

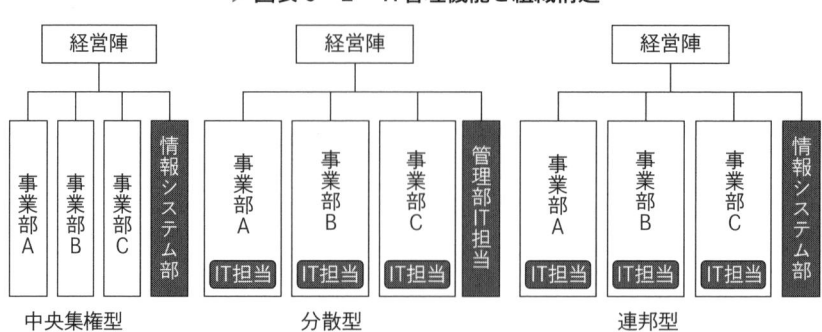

▶ 図表 6‐2　IT管理機能と組織構造

類型	概要
中央集権型	情報システム部などの独立した専任部門が全社を対象に企画，開発，運用を含むシステムの管理全般を実施します。ITの管理が一元化されているため，全社統制の観点からは，経営陣の示す方針や全社的なルールに従った運用を維持しやすいと考えられます。
分散型	ネットワークなどの全社共通インフラの管理や共通ポリシーの作成など一部の共通機能のみを管理部門のIT担当者が実施し，各部門が利用するシステムのIT予算の策定や企画，開発，運用といったシステムの管理は各事業部で実施します。各事業部に分散して配置された担当者がそれぞれシステムの管理を担当するため，全社統制の観点からは，経営陣の示す方針や全社的なルールからの逸脱が生じるリスクが相対的に高いと考えられます。
連邦型	中央集権型と分散型の中間に位置付けられる形態であり，全社共通インフラの管理や共通システムの企画，開発，運用を情報システム部などの専任部門が実施し，事業部が独自に利用する機能については各事業部のIT担当者が管理します。

の内部統制が展開されることになります。

　ビジネスプロセスを管轄する第1ラインは日々の業務の中での統制活動や日常的なモニタリングを通じてリスクオーナーとしてリスク管理に責任を負います。第2ラインはリスク管理に焦点をあてた機能として第1ラインにおけるリスク管理活動を支援するとともに，全社的なリスク管理方針からの逸脱がないかをモニタリングします。第3ラインは他のラインから独立した機能として，内部監査などの活動を通じてリスク管理プロセス全体の有効性を客観的に評価

▶ 図表 6 - 3　　3 ラインモデルと全社統制

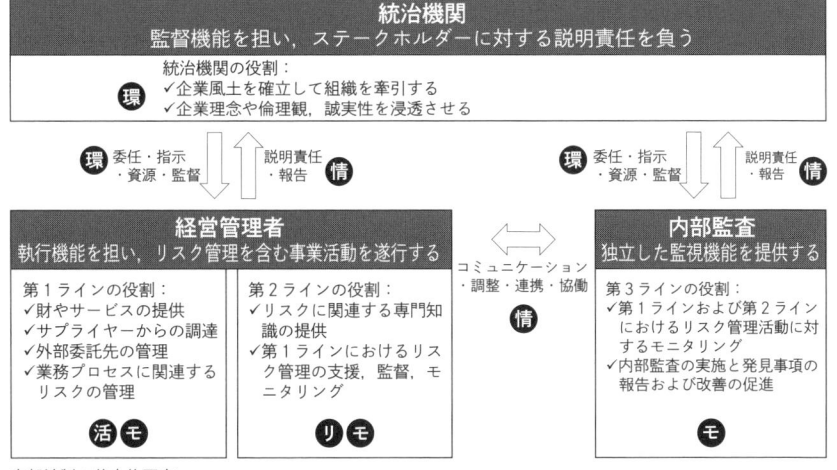

出典：「IIAの3ラインモデル　3つのディフェンスラインの改訂」（2020年7月，
日本内部監査人協会）をもとに筆者作成

して，統治機関に評価結果を報告します。また，評価の結果発見事項が識別された場合には是正措置の実施を支援し，リスク管理プロセスの改善を促進します。

6.2　IT全社統制の評価

前節で述べたガバナンスの組織体制と全社統制の関係性を念頭に，ITに焦点を戻してIT全社統制について具体的に確認しましょう。

第1章で紹介した通り，「ITへの対応」は内部統制の基本的要素でありながら，その他の基本要素の一部でもあります。したがって，IT全社統制を評価するにあたっては内部統制の基本的要素のそれぞれにおいてITに係る観点がどのように組み込まれ，対応されているかを理解することが重要になります（図表 6 - 4 ）。

▶図表6-4　内部統制の目的と基本的要素（図表1-3再掲）

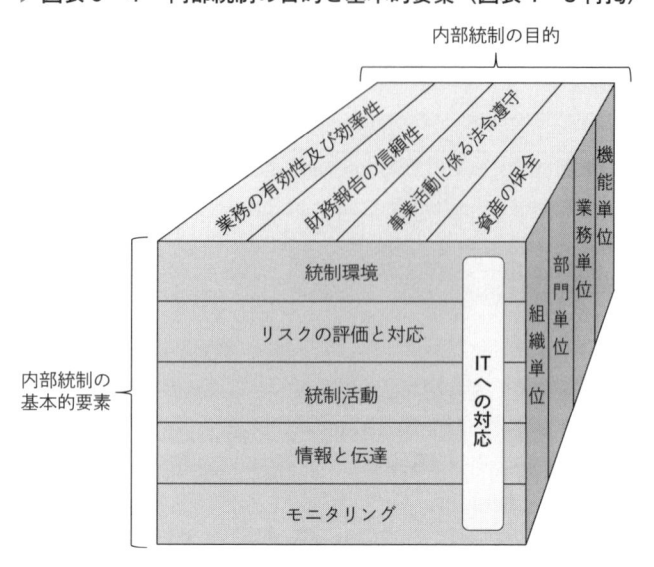

　本節では「財務報告に係る内部統制の評価及び監査に関する実施基準」[68]を
もとにしながら，内部統制の基本的要素のそれぞれについてITの観点から考
慮することが望まれる評価観点を整理して紹介します（「ITへの対応」に関す
る事項は，最も関連性が高いと思われる他の基本的要素に割り振って整理しま
す）。

　なお，ITに関して全社的な統制として求められる要素は，組織におけるIT
の利用状況やビジネスおよび財務報告における重要性，保有しているIT資産
の構成等によって異なる点には留意が必要です。

■ 統制環境

　統制環境は組織風土や組織に所属する全ての人物の内部統制に対する意識の
在り方によって定義付けられ，その他の基本的要素の基盤となります。IT全
社統制の評価における具体的な評価観点としては**図表6-5**のようなものが挙
げられます。

---

[68]　「財務報告に係る内部統制の評価及び監査に関する実施基準基準」の「I.内部統制の基本的枠組み」
　　および「（参考1）財務報告に係る全社的な内部統制に関する評価項目の例」を主として参照してい
　　ます。

▶図表6-5　IT全社統制の評価観点：統制環境

観点	検討事項
ITガバナンスの構造	ITガバナンスのプロセスとして、評価・指示・監視の仕組みがどのように導入され、取締役会などが執行機能によるITの管理（マネジメントプロセス）をどのように監督しているかを確認します。
役割と責任（全社レベル）	ITの管理における役割と責任の範囲が明確化され、業務遂行上必要な権限が過不足なく割り当てられていることを確かめます。
IT戦略・IT計画・IT予算の策定	事業計画との整合性を保ちながらIT戦略およびその遂行のためのIT計画が策定され、予算が確保されていることを確かめます。
人材の確保・育成	IT戦略およびIT計画の遂行やITの管理に求められる能力を有する人材を確保するために、専門能力を有する人材の採用や従業員の教育・訓練が行われていることを確かめます。 教育・訓練はITに関する専門的な知識・能力の育成を目的とするものだけではなく、全従業員のITリテラシーやセキュリティ意識の向上を図るものも重要であるため、その実施状況もあわせて確認します。

■ リスクの評価と対応

全社統制のITガバナンスの文脈において考慮するリスクは正または負の不確実性をリスクと呼びますが69、リスクの評価と対応のプロセスでは組織の目標達成を阻害する要因が識別、分析、評価され、対応策が講じられることが求められます。IT全社統制の評価における具体的な評価観点としては図表6-6のようなものが挙げられます。

69　広義のITガバナンスの文脈においては正または負の不確実性をリスクと呼びますが、「財務報告に係る内部統制の評価及び監査に関する実施基準」では負の不確実性すなわち損失をもたらす不確実性であるとして、リスクを「組織目標の達成を阻害する要因」と定義しています。IT全社統制の評価に係る内部統制という観点からは、信頼性を保つという目標が阻害されるネガティブリスクへの対応が重要であるため、本節でも同様の定義を踏襲します。

▶ 図表 6 - 6　IT全社統制の評価観点：リスクの評価と対応

観点	検討事項
情報収集と整理	組織が保有するIT資産の情報やネットワークの構成，組織内外のシステム間の連携などの情報が文書化され，ITに係るリスク評価の前提になる情報として利用可能であることを確かめます。
ITの利用から生じるリスクの評価	既存システムへの変更や新規システムの導入，AIやブロックチェーンなどの新興技術の採用において，財務報告の信頼性に与える影響を評価し，必要な対策を講じていることを確かめます。
サプライチェーンリスクの評価	クラウドサービスの利用など，ITに係る外部委託に関して委託先の選定および定期的な監視の中で財務報告の信頼性に与える影響を評価し，必要な対策を講じていることを確かめます。

■ 統制活動

　統制活動は経営者の指示やリスクへの対応が適切に実施されるように整備される方針および手続であり，職務分掌の明確化や業務手順の整備などが含まれます。IT全社統制の評価における具体的な評価観点としては**図表 6 - 7**のようなものが挙げられます。

▶ 図表 6 - 7　IT全社統制の評価観点：統制活動

観点	検討事項
方針および基準の作成	ITの管理に関して全社的に標準的・統一的に定めるべき事項について，基本方針や共通基準を作成していることを確かめます。
IT環境を踏まえた手続および内部統制の整備	個別のシステムの管理に適用される業務手続および内部統制（IT全般統制，情報処理統制）が，IT環境の理解に基づいて整備されていることを確かめます。
役割と責任（プロセスレベル）	業務とITの分離など，ITの管理に係る役割と責任および権限の範囲が明確化されていることを確かめます。また，データの入出力に係る情報処理統制のようなシステム内外の境界に位置する内部統制について，マニュア

| | ル統制と自動化統制の範囲および業務部門とIT部門の責任範囲を明確にしていることを確かめます。 |

■ 情報と伝達

　情報と伝達のプロセスは，情報の識別・把握・処理および伝達から構成され，組織内の各人物が役割と責任を遂行するために必要な情報が適時かつ適切に伝達される仕組みを整備することが求められます。IT全社統制の評価における具体的な評価観点としては**図表 6 - 8**のようなものが挙げられます。

▶ **図表 6 - 8　IT全社統制の評価観点：情報と伝達**

観点	検討事項
トップダウンの情報伝達	IT戦略および計画や，ITの管理に係る方針・基準・手順などが，関連する業務の遂行に関与する人物に適時適切に伝達されて業務に反映される仕組みが整備されていることを確かめます。
ボトムアップの情報伝達	統制活動やモニタリングの過程で識別された内部統制の不備，セキュリティインシデントや新たなリスク事象が経営者や適切な管理者にエスカレーションされ，ITの方針や規程の見直し，追加的なリスク対応の導入などの対応に反映される仕組みが整備されていることを確かめます。
組織外部からの情報伝達	外部委託先におけるリスク事象や，新たに発見された脆弱性などの組織外部から入手する必要のある情報について，適時な情報収集の仕組みが整備されていることを確かめます。

■ モニタリング

　モニタリングは内部統制の有効性を継続的に評価するプロセスであり，業務プロセスの一環として，もしくは内部監査などの独立した活動によって内部統制を監視し，必要に応じて是正措置を講じることが求められます。

　IT全社統制の評価における具体的な評価観点としては**図表 6 - 9**のようなも

のが挙げられます。

▶ 図表 6 - 9　IT全社統制の評価観点：モニタリング

観点	検討事項
日常的なモニタリング（第1ライン）	ITの管理において，インシデントの監視やアクセスログの定期的なモニタリングといった監視活動が定常業務として組み込まれており，情報セキュリティ（可用性・完全性・機密性）が損なわれるリスクを検知，是正する仕組みが構築されていることを確かめます。 また，外部委託先における活動が合意したサービスレベルを満たしていることや，委託先にて実施すべき内部統制の実施状況の確認など，委託先に対する日常的なモニタリングの仕組みが構築されていることもあわせて確かめます。
部門横断的なモニタリング（第2ライン）	第1ラインに対してセキュリティや技術に関する助言を提供する仕組みが整備されており，標準プロセスからの逸脱の監視や例外適用の審査を実施していることを確かめます。 また，第1ラインにおいてRCSA（リスクコントロールセルフアセスメント）が実施されている場合，リスク管理部門として評価結果の検証や助言の提供を行っていることも確かめます。
独立的なモニタリング（第3ライン）	ITの管理を対象にした内部監査や任意で実施する外部監査が実施され，識別されたリスクや内部統制の不備が経営者や適切な管理者に報告されていることを確かめます。 また，是正措置が必要と判断された事項について，是正の完了までその進捗状況がモニタリングされる仕組みになっていることもあわせて確かめます。 また，過年度から継続して不備が識別されているような内部統制が存在する場合，是正措置へのモニタリングが全社統制としてどのように行われているのかを個別具体的に確認することも検討する必要があります。

6.3　サイバーセキュリティリスクへの対応

　今日におけるサイバーセキュリティリスクの高まりを受けて，2023年4月に公開された改訂版の「財務報告に係る内部統制の評価及び監査に関する実施基準」では，内部統制の基本的要素である「ITへの対応」の説明に「クラウドやリモートアクセス等の様々な技術を活用するに当たっては，サイバーリスクの高まり等を踏まえ，情報システムに係るセキュリティの確保が重要である」との文言が加えられました。

　また，米国証券取引委員会（SEC）は2023年12月からサイバーセキュリティに関する新しい開示規則を採択し，年次報告書（Form 10-K）[70]におけるサイバーセキュリティガバナンス体制の開示や，重要性のあるインシデントを認めた際の臨時報告書（Form 8-K）[71]における4日以内の開示などを新たに要求しています。

　2021年6月に公表された改正監基報315は，「ITの利用から生じるリスクは，サイバーセキュリティに関連して識別されることもある」（A162）としつつ，「通常，サイバー事故は，社外との接点から内部のネットワークの階層を通じて発生し，財務諸表の作成に影響を与えるITアプリケーション，データベース及びオペレーティング・システムからはかなり離れているという点を認識することが重要」（付録5）であり，インシデント発生時における財務報告への影響を評価したうえで関連する内部統制の識別要否を検討し，開示内容の適切性を判断する必要があると説明しています。

　2024年5月にJICPAから公表された「サイバーセキュリティリスクへの監査人の対応（研究文書）」では，財務諸表監査およびSOX監査におけるサイバーセキュリティリスクに関する検討事項が説明されており，監査上留意すべきリスクと影響を**図表6–10**ように整理しています。

70　海外登録企業（FPI: Foreign Private Issuer）の場合はForm 20-Fを利用します。
71　海外登録企業の場合はForm 6-Kを利用します。

▶ 図表 6 -10 　監査上留意すべきサイバーセキュリティリスクと影響

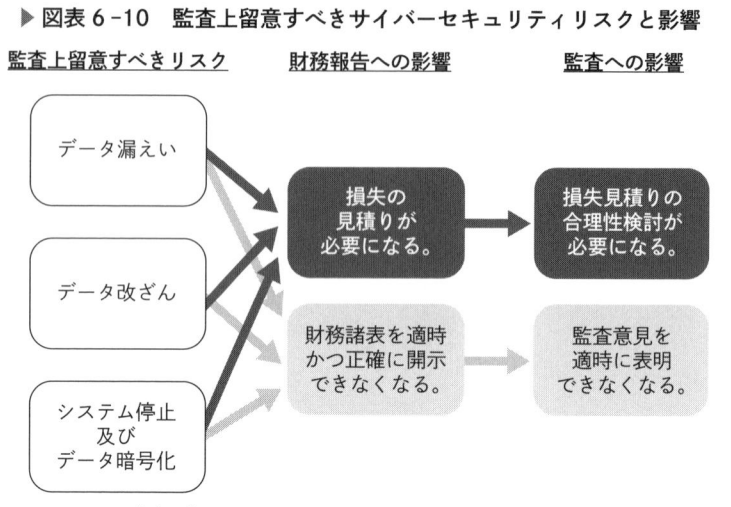

出典：「サイバーセキュリティリスクへの監査人の対応（研究文書）」より引用

　こうした状況を踏まえると，IT環境の理解およびIT全社統制の評価におい
ても，サイバーセキュリティリスクおよびリスク対応の状況を評価し，必要に
応じて監査計画に反映する必要があると考えられます。具体的な評価観点とし
ては図表 6 -11のようなものが挙げられます。

▶ 図表 6 -11 　サイバーセキュリティリスクへの対応

観点	検討事項
金銭的損失に係る固有リスク	企業のビジネスや保有する資産の特性を理解することで，金銭的損失に係る固有リスクを評価します。具体的な検討事項としては次のようなものが挙げられます。 ・ビジネス形態 E-CommerceやストリーミングサービスのようなITへの依存度が高いビジネスを展開している場合，サイバー攻撃によりサービスの提供が停止して機会損失を被る機会が相対的に多く，固有リスクは高くなると考えられます。 ・デジタル資産 大量の暗号資産を保有している場合や，企業価値の源泉となるような著作物，知的財産などをデジタル資産として保有している場合，データの窃取による資産の喪失や

企業価値の毀損といった被害の影響が大きくなることが想定され，固有リスクは高くなると考えらえます。

・個人情報

大量の個人情報を保有している企業は，サイバー攻撃や内部犯行などにより個人情報が流出することで損害賠償や法令違反の制裁金を課される機会が相対的に多く，その影響額も大きくなると想定されることから，固有リスクは高くなると考えらえられます。

・ビジネスメール詐欺（BEC）

BEC（Business Email Compromise）は，取引先や経営者になりすましてメールを送信した攻撃者が，従業員を誘導して指定の口座に送金させる手法です。通常業務において送金先の変更や多額の送金処理をメールでのやり取りのみで完結できるような場合，固有リスクは高くなると考えられます。

特に固有リスクが高いと判断した項目については，後述する「技術的対策」などの全社的統制だけでなく，重要なデジタル資産へのアクセス制限や送金プロセスにおける職務分掌といった業務プロセスレベルの内部統制を評価することも検討する必要があります。

開示や報告に係る固有リスク	企業が従わなければならない情報開示に係る法規制や会計基準を理解し，開示や報告に係る固有リスクを評価します。具体的な検討事項としては次のようなものが挙げられます。 **・財務報告におけるITシステムへの依拠度** 大量のトランザクションデータがシステムで処理されており手作業による代替が難しい場合や，財務報告資料の作成に必要なデータが特定のシステム上にのみ保管されている場合，システムの可用性が損なわれた際に適時に必要な情報を収集することが困難になると想定されることから，固有リスクは高くなると考えられます。 **・法規制などの要求による報告** 個人情報保護法に基づく個人情報保護委員会への報告および本人への通知や，SEC開示規則に基づくインシデントの開示など，開示の要求には多様なものが存在します。

	組織体に適用される法規制が多いほど要件を満たした適時な開示を行えない機会が増加することから，固有リスクは高くなると考えられます。 特に固有リスクが高いと判断した場合には，システムや財務データのバックアップおよびリカバリに係るIT全般統制の評価や，開示の観点も含めたサイバーセキュリティインシデントの対応訓練などの全社的な統制の評価を検討する必要があります（後述の「インシデント発生時の対応」参照）。
対応方針・基準の整備	サイバーセキュリティリスクへの対応方針や基準などの全社的なルールが明文化されていることを確かめます。確認対象の方針や基準には，定期的なリスクアセスメント，重要な情報資産の識別および管理方針，インシデント情報の収集およびインシデント発生時の初動対応などが含まれます。
役割と責任の明確化	サイバーセキュリティ対策に係る役割と責任が明確化されていることを確かめます。具体的には，CISO（最高情報セキュリティ責任者）の役割と権限や，リスク管理部門と情報システム部門の連携，親会社と子会社の責任範囲，外部委託先とのセキュリティ対策に係る責任分界などを確認することになります。
セキュリティ人材の確保と従業員への教育	外部環境の変化を踏まえて臨機応変なリスク対応を実施するためには，セキュリティに係る専門性を持つ人材が不可欠です。このため，外部人材の活用も含めてセキュリティの専門性を有する人材確保のための取り組みが行われていることを確かめます。また，マルウェアへの感染リスクやビジネスメール詐欺の被害を受けるリスクを低減するには，従業員一人一人の情報リテラシーの向上が重要であるため，従業員に対するセキュリティ教育や訓練の実施状況もあわせて確かめます。
セキュリティ予算の確保	固有リスクに見合うサイバーセキュリティ対策を導入するためには，相応の予算を確保する必要があります。セ

	キュリティ責任者が必要な予算を算定し，組織としてリスクに見合った十分な予算を確保する体制が整備されていることを確かめます。
リスクアセスメント	組織のサイバーセキュリティリスクへの対応状況を定期的に評価し，改善するための仕組みが講じられていることを確かめます。 具体的には，NISTのCybersecurity FrameworkやISO 27000シリーズなどの公知のガイドラインを利用したセキュリティ管理体制全体の評価や，脆弱性診断やペネトレーションテストによる技術的観点からの評価の実施状況を確かめる手続が考えられます。 また，JPCERT/CC（JPCERTコーディネーションセンター（Japan Computer Emergency Response Team Coordination Center））やIPA（独立行政法人情報処理推進機構(Information-technology Promotion Agency, Japan)）などの外部団体や他社のCSIRT（Computer Security Incident Response Team）と連携して情報を収集し日々の対策に反映している場合，そうした取り組みの状況もあわせて確認します。
技術的対策	電子メールの利用や社内ネットワークへのリモート接続など，今日においてはほとんどの企業がビジネスにインターネットを利用しており，FW（ファイアウォール）やDMZ（DeMilitarized Zone）の設置による内外ネットワークの分離，アンチウィルスソフトやEDR（Endpoint Detection and Response）の導入など，内部ネットワークを保護する技術的対策が講じられていることが一般的です。 ネットワーク構成図の閲覧やセキュリティ担当者へのヒアリング，FW設定値の閲覧などにより，内部ネットワークの保護のための取り組みの詳細を確認し，固有リスクに見合った水準の対策が導入されていることを確かめます。
インシデント発生時の対応	サイバーセキュリティインシデントが発生した際の連絡経路が確立され，重要性の判断や一次対応を迅速に行える体制が整備されていることや，インシデントに備えた訓練が実施されていることを確かめます。

	システムの可用性を確保して業務を継続させるという観点からは，バックアップからのリカバリやBCP（事業継続計画）の発動の判断を遅滞なく行えるように備えられているかが重要な観点になります。 開示の適時性の観点からは，SECの開示規則や個人情報保護法などの法規制により迅速な開示や当局への報告が求められている場合，事実確認および影響範囲の調査を迅速に行えることが重要になります。 特に財務報告に係る開示の観点からは，損害賠償金やシステム復旧に係ると想定される損失に対する引当金の計上や偶発債務の注記の要否，後発事象に該当するかといった検討が求められます。したがって，セキュリティ部門だけで対応するのではなく，経理部門やCFOとも情報を共有しながら対応できる体制となっていることも確認する必要があります。
インシデントの発生状況	過去のサイバーセキュリティインシデントの発生状況を確認し，インシデントの影響範囲や原因を評価して財務報告への影響を判断する必要があります。 また，監査対象期間中に重要なインシデントが発生している場合，その原因が内部統制の不備を示唆するものであるかを評価し，内部統制の不備であると判断した場合には監査上の追加手続の要否や開示すべき重要な不備に該当するかの判断が求められます。 加えて，発生したインシデントについて「インシデント発生時の対応」に記載した引当金の計上や開示に係る各論点を検討しなければなりません。

第 7 章

財務諸表監査における
IT監査の実務上の留意点

本章では，ここまでの章で取り上げられな
かったもののIT監査人が評価を実施するうえ
で考慮すべき事項として，IT監査計画の策定
と母集団資料の信頼性の検証について解説し
ます。

7.1 IT監査計画の策定

　財務諸表監査やSOX監査におけるIT統制の評価では，ITに依拠する内部統制と監査手続を識別することから始まり，全社統制・全般統制・ITへの依拠のそれぞれを評価し，内部統制の不備が識別された場合には改善状況の確認や実証手続の追加，期末残存不備が開示すべき重要な不備に該当するかの評価を行います。また，期中に評価を実施した場合には，監査結果を期末日まで引き延ばすロールフォワードの手続を実施します（**図表7-1**）。

▶ **図表7-1　IT監査の流れと成果物**

IT監査の手続	手続の概要	作成・更新対象の成果物	本書の章立て
IT統制の評価範囲の決定	業務プロセスのWTの結果に基づいて，ITに依拠する内部統制および監査手続を識別し，関連するシステムを特定します。	✓ ITへの依拠の一覧 ✓ 評価対象システムの一覧 ✓ IT監査計画	3章
IT環境およびIT全社統制の評価	IT環境を理解したうえで関連するリスクを評価して対応する全社統制を評価するとともに，評価対象システムの基礎情報を収集します。	✓ IT環境の評価調書 ✓ IT全社統制の評価調書 ✓ 評価対象システムの環境情報一覧	6章
IT全般統制の評価（整備・運用）	IT全般統制のWTによりプロセスを理解してリスクおよび統制の整備状況を評価し，キーコントロールを選定して運用評価を行います。	✓ 各評価単位の整備状況評価調書 ✓ 各評価単位の運用状況評価調書	5章
ITへの依拠の評価（整備・運用）	評価対象の処理についてデータ入力からデータの利用まで流れを一気通貫で理解し，全ての処理パターンについて運用評価を行います。	✓ 各機能の整備状況評価調書（処理の詳細の理解の文書化） ✓ 各機能の運用状況評価調書	4章
内部統制の不備の改善状況の評価	期中の評価で不備を識別した統制について，期末前の改善状況を評価し，改善後の期間について整備・運用状況の評価を行います。	✓ 改善対応の妥当性の評価調書（原因と改善策の対応の評価） ✓ 改善後の整備・運用状況評価調書	3章
ロールフォワード・期末変更確認	期中評価で有効性を確認した統制（改善後の統制を含む）について期末までの変更有無を確認し，期末までの有効性を評価します。	✓ 各統制についてロールフォワード可否の評価調書	4,5章

| 内部統制の
不備への対応 | 不備が継続していた期間について，補完統制や代替統制の評価および実証手続を追加し，監査リスクを低減するための心証を得ます。 | ✓監査計画・IT監査計画（リスクの見直し）
✓不備と追加手続の一覧および詳細（原因・影響範囲・リスクを含む） | 3章 |
| 期末残存不備の
評価・不備の報告 | 識別された不備を適切な責任者に報告します。また，期末未改善不備のSOX上の重要性（開示要否）を評価し，監査意見を形成します。 | ✓IT統制評価結果の報告資料（不備一覧，推奨事項一覧を含む）
✓監査報告書 | 3章 |

　これらの手続がいつどのように行われるのかを取りまとめた資料としてIT監査計画を策定します。IT監査計画は一度策定したら終わりというものではなく，IT統制の評価の過程でリスクに対する理解が更新される都度，監査期間を通じて更新される必要があります。IT監査計画に含まれる情報としては，主として**図表7-2**のようなものが挙げられます。

▶ **図表7-2　IT監査計画の記載事項**

観点	検討事項
全社的なIT環境およびIT全社統制の理解	**第6章**で紹介したような全社レベルのITガバナンスの状況について，評価結果を文書化します。 全社的なガバナンスが有効でないと判断した場合は，その程度に応じてIT全般統制の評価手続およびサンプル数の拡大，ITに依拠しないアプローチへ監査計画を変更するといった対応を検討することになります。
サイバーセキュリティリスクの理解	IT環境の理解の一環としてサイバーセキュリティリスクについて，評価結果を文書化します。 サイバーセキュリティリスクが財務報告の信頼性に重要な影響を与える可能性があると判断した場合には，IT全般統制の評価においてサイバーセキュリティリスクへの対応を目的とした内部統制の評価を組み込むなどの対応が必要になります。
ITへの依拠およびIT全般統制の評価範囲	業務プロセスのウォークスルーおよび監査手続の策定を通じて識別した，内部統制上もしくは監査手続上重要なITの機能を一覧化し，関連するシステムおよびIT全般統制のプロセスを特定します。

IT全般統制の評価範囲および個別システムに関するIT環境の理解	5.2「IT環境の理解とIT全般統制の評価単位」で紹介したような，個別のシステムに係るIT環境について評価結果を文書化し，評価単位を決定します。 また，各システムにおける外部委託先の役割を理解し，外部委託先に対する監査の要否やSOCレポートの利用可否を判断します。
監査手法・実施時期・サンプル数（NTE）の方針	各評価単位について，監査手法（Nature）・実施時期（Timing）・サンプル数（Extent）の方針を決定します。 **・監査手法（Nature）** リスクやプロセスの性質を踏まえて，質問・閲覧・観察・再実施の手続をどのように組み合わせるかに関する方針を明確化します。 **・実施時期（Timing）** 評価を実施する時期を決定します。例えば，監査工数が比較的少ないパッケージシステムの評価は期末付近で実施して評価範囲に含まれる期間を長くする，例年内部統制の不備が識別されており追加手続が必要になることが見込まれるシステムでは期中に評価を実施して期末付近にアップデートテストとロールフォワード[72]を実施するといった対応が考えられます。 **・サンプル数（Extent）** サンプリングによる評価に利用するサンプリングテーブルを定義します（**図表5-4**参照）。 また，ロールフォワードにおいて，残余期間や固有リスクに応じて質問だけではなくサンプルの評価も行う場合，必要サンプル数の判断方法をあわせて定義します。 なお，内部統制が週次と月次の間の頻度で行われている場合など，サンプリングテーブルに明記されていないケースにおいて補完的な方法によりサンプル数を決定することを

---

[72] ここでは，母集団の取得およびサンプリングによる内部統制の有効性の評価を再度実施する手続を「アップデートテスト」，質問などの変更確認手続により期中の評価結果を期末日まで引き延ばす手続を「ロールフォワード」としています。例えば，3月決算の会社を評価するにあたって，評価範囲を4月から9月とする期中テストを10月に，評価範囲を10月から1月までとするアップデートテストを2月に実施し，2月から3月の期間についてはロールフォワードにより対応するといったケースが考えられます。

	認める場合は，その方法についても定義します。 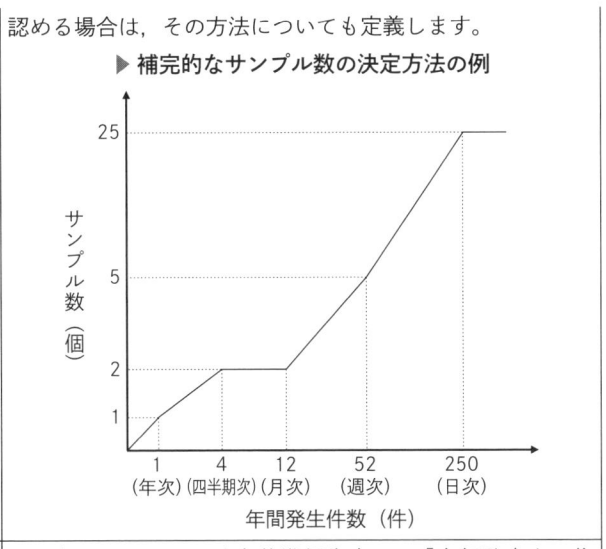
内部監査人による評価の結果の利用	IT監査においても，監査基準報告書610「内部監査人の作業の利用」に従って内部監査人による評価の結果を利用することができます。 内部監査人による評価結果を利用する場合，監査計画の中で対象のテストを特定するとともに，内部監査人の独立性や能力を評価し，内部監査結果が確かに利用可能であることを確かめる必要があります。 また，入手した内部監査人の評価結果の信頼性を評価する方法（内部監査調書の閲覧，評価手続の再実施など）もあわせて定義します。

7.2　母集団資料の信頼性の検証

　特にIT全般統制の評価においては，サンプリングによって内部統制の有効性を評価する手続が想定されます。サンプリングによる評価が有効なものとなるためには，基となる母集団資料の信頼性が担保されていることが不可欠です。

　母集団資料の信頼性は大きく2つの要素から評価されます。1つは母集団資料が母集団となるイベントを網羅的に反映していること（関連性），もう1つ

は母集団資料の入手にあたって情報の欠落や改ざんが発生していないこと（正確性・網羅性）です。

例えばIT全般統制の変更管理プロセスの評価にあたって評価対象期間中に発生した変更を母集団として特定する際に，変更チケットの一覧を母集団資料として利用するとします。この時，変更チケットの起票が変更作業を開始する唯一のトリガーとなっている場合には，変更チケット一覧は母集団（実際に発生した変更）との関連性が高いといえます。一方で，変更依頼には複数のルートが用意されており，チケットを起票する他にもメールや電話での作業依頼が行われている場合，変更チケットの一覧は全ての変更を反映している資料とはいえず，母集団との関連性は低いと考えられます。

また，母集団資料として選択した情報が母集団と高い関連性を持っている場合でも，データ出力の過程で出力条件の誤りなどにより情報の正確性・網羅性が損なわれてしまうと，監査人が母集団を正確かつ網羅的に把握することができなくなります。このため，監査人は母集団資料が母集団と高い関連性を持ち，かつ正確かつ網羅的に取得されていることを評価する必要があります（正確性と網羅性の検証方法はキーレポートの評価方法と同様です）。

▶ 図表 7 - 3　母集団と母集団資料

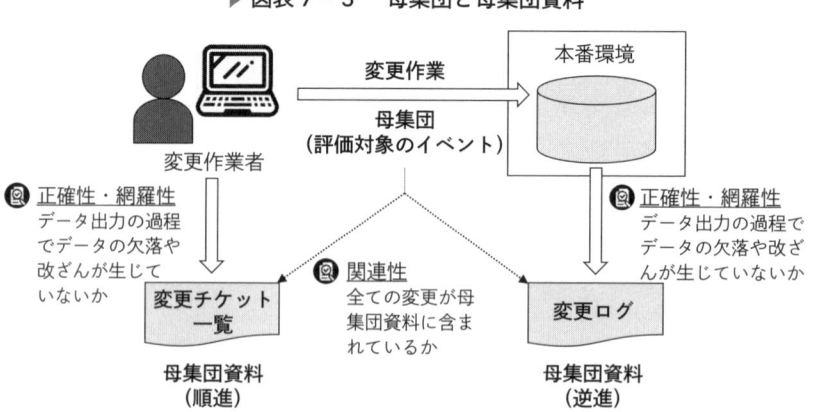

■図表番号一覧

第5章　財務諸表監査におけるIT全般統制の評価

第6章　IT環境とIT全社統制

第7章　財務諸表監査におけるIT監査の実務上の留意点

■引用文献・参考文献

浅野雅文（2024）『今から始める・見直す 内部統制の仕組みと実務がわかる本〈第2版〉』中央経済社

岩下廣美（2021）『実践 IT監査ガイドブック 改訂版』中央経済社

一般社団法人日本内部監査協会編（2015）『【改訂版】IT監査とIT統制』同文舘出版

篠田昌典・栗原直樹（2007）『お客さまの業務がわかる SEのための会計知識〈改訂版〉』日本能率協会マネジメントセンター

菅 信浩（2023）『チェックリストでリスクが見える 内部統制構築ガイド』中央経済社

日立システムアンドサービス（2008）『ITエンジニアのための内部統制対応マニュアル』翔泳社

三好康之（2018）『ITエンジニアのための【業務知識】がわかる本〈第5版〉』翔泳社

企業会計審議会（2023）『財務報告に係る内部統制の評価及び監査の基準並びに財務報告に係る内部統制の評価及び監査に関する実施基準の改訂について（意見書）』

企業会計審議会（2023）『財務報告に係る内部統制の評価及び監査の基準』

企業会計審議会（2023）『財務報告に係る内部統制の評価及び監査に関する実施基準』

日本ITガバナンス協会（2007）『取締役会のためのITガバナンスの手引』

日本公認会計士協会（2022）『監査基準報告書265「内部統制の不備に関するコミュニケーション」』

日本公認会計士協会（2021）『監査基準委員会報告書315「重要な虚偽表示リスクの識別と評価」』

日本公認会計士協会（2022）『監査基準報告書315実務ガイダンス第1号「ITの利用の理解並びにITの利用から生じるリスクの識別及び対応に関する監査人の手続に係るQ&A（実務ガイダンス）」』

日本公認会計士協会（2022）『監査基準報告書330「評価したリスクに対応する監査人の手続」』

日本公認会計士協会（2022）『監査基準報告書610「内部監査人の作業の利用」』

日本公認会計士協会（2022）『監査基準報告書620「専門家の業務の利用」』

日本公認会計士協会（2022）『保証業務実務指針3000実務ガイダンス第4号「受託業務に係る内部統制の保証報告書に関するQ&A（実務ガイダンス）」』

日本公認会計士協会（2022）『保証業務実務指針3402「受託業務に係る内部統制の保証報告書に関する実務指針」』

日本公認会計士協会（2021）『保証業務実務指針3701「非パブリック型のブロックチェーンを活用した受託業務に係る内部統制の保証報告書に関する実務指針」』

日本公認会計士協会（2023）『保証業務実務指針3702「情報セキュリティ等に関する受託業務のTrustに係る内部統制の保証報告書に関する実務指針」』

日本公認会計士協会（2021）『IT委員会研究報告第57号「ITの利用の理解並びにITの

利用から生じるリスクの識別及び対応に関する監査人の手続に係るQ&A』」

日本公認会計士協会（2022）『セキュリティ，可用性，処理のインテグリティ，機密
保持及びプライバシーに関するTrustサービス規準』

日本公認会計士協会（2022）『情報インテグリティ』

日本公認会計士協会（2023）『財務報告内部統制監査基準報告書第1号「財務報告に
係る内部統制の監査」』

日本公認会計士協会（2024）『テクノロジー委員会研究文書第10号「サイバーセキュ
リティリスクへの監査人の対応（研究文書）」』

八田進二・箱田順哉監訳（2013年5月公表）『COSO内部統制の統合的フレームワー
ク・フレームワーク篇　エグゼクティブ・サマリー』（日本公認会計士協会出版
局）

内部監査人協会（2020）『IIAの3ラインモデル　3つのディフェンスラインの改訂』

PwCあらた有限責任監査法人（January, 2018）『PwC's View Vol.12 特集：ERM（全
社的リスクマネジメント）』

経済産業省（2023）『システム管理基準』

経済産業省（2007）『システム管理基準追補版（財務報告に係るIT統制ガイダンス）』

総務省（2021）『クラウドサービス提供における情報セキュリティ対案ガイドライン
（第3版）』

特定非営利活動法人日本システム監査人協会（2023）『システム管理基準ガイドライ
ン』

経済産業省（2023）『システム監査基準』

特定非営利活動法人日本システム監査人協会（2023）『システム監査基準ガイドライ
ン』

総務省（2021）『クラウドサービス提供における情報セキュリティ対策ガイドライン
（第3版）』

総務省（2023）『地方公共団体における情報セキュリティポリシーに関するガイドラ
イン』

内閣サイバーセキュリティセンター（NISC）（2023）『インターネットの安全・安心
ハンドブックVer5.00』

NISC・デジタル庁・総務省・経済産業省（2023）『政府情報システムのためのセキュ
リティ評価制度（ISMAP）の概要』

個人情報保護委員会事務局（2022）『個人情報保護法改正に伴う漏えい等報告の義務
化と対応について』

個人情報保護委員会（2023）『個人情報の保護に関する法律についてのガイドライン
（通則編）』

独立行政法人 情報処理推進機構（IPA）ソフトウェア・エンジニアリング・センター
（SEC）（2011）『高信頼化ソフトウェアのための開発手法ガイドブック』

American Institute of CPAs（AICPA）（October, 2023）"Description Criteria for
Management's Description of the Entity's Cybersecurity Risk Management

Program"

American Institute of CPAs（AICPA）（October, 2023）"TSP Section 100-2017 Trust Services Criteria for Security, Availability, Processing Integrity, Confidentiality, and Privacy（with Revised Points of Focus - 2022)"

American Institute of CPAs（AICPA）and Chartered Institute of Management Accountants（CIMA）（September, 2023）"What Management Needs to Know About the New SEC Cybersecurity Disclosure Rules"

Committee of Sponsoring Organizations of the Treadway Commission（COSO）（June, 2017）"Enterprise Risk Management Integrating with Strategy and Performance"

Committee of Sponsoring Organizations of the Treadway Commission（COSO）（May, 2013）"Internal Control - Integrated Framework"

Committee of Sponsoring Organizations of the Treadway Commission（COSO）（July, 2021）"Enterprise Risk Management for Cloud Computing"

Center for Internet Security（CIS）（2012）"CIS Critical Security Controls® Version 8.1"

International Organization for Standardization（ISO）（February, 2024）"ISO/IEC 38500：2024 Information technology — Governance of IT for the organization"

Institute of Internal Auditors（IIA）（2012）"Global Technology Audit Guide（GTAG）: Information Technology Risk and Controls"

ISACA（2009）『情報システム監査基準ハンドブック』

ISACA（2019）『CISA®レビューマニュアル 第27版』ISACA

ISACA（November, 2018）"COBIT®2019 Framework：Introduction and Methodology"

National Institute of Standards and Technology（NIST）（June, 2017）"NIST SP800-63B Digital Identity Guidelines：Authentication & Lifecycle Management"

MAZARS（South Africa）（December, 2022）"BINANCE CAPITAL MANAGEMENT CO. LTD.（"BINANCE"）- PROOF OF RESERVE（"POR"）REPORT"

Binance（2022）"Binance Releases Proof of Reserves System"（https://www.binance.com/en/support/announcement/binance-releases-proof-of-reserves-system-0c7a786cbe8c4e108f3301385ab61e39）（参照日2024年 7 月31日）

日本公認会計士協会「監査以外の保証業務及びAUPの基礎知識」（https://jicpa.or.jp/about/activity/activities/assurance_aup/basic/）（参照日2024年 7 月31日）

日本公認会計士協会「会計・監査用語かんたん解説集　一般に公正妥当と認められる監査の基準」（https://jicpa.or.jp/cpainfo/introduction/keyword/post-41.html）（参照日2024年 7 月31日）

日本公認会計士協会「会計・監査用語かんたん解説集　監査要点（アサーション）」

（https://jicpa.or.jp/cpainfo/introduction/keyword/post-59.html）（参照日2024年7月31日）

SAP「SAP Help Portal　SAP権限コンセプト」（https://help.sap.com/doc/saphelp_nw70/7.0.12/ja-JP/52/671285439b11d1896f0000e8322d00/frameset.htm）（参照日2024年7月31日）

【著者紹介】

中雄　俊和（なかお　としかず）

1995年千葉県生まれ。東京大学経済学部を卒業後，2018年に大手監査法人に入所。法定監査においてはJSOXやPCAOB対応を含むIT統制全般を担当したほか，システム監査，プロジェクト監査，サイバーセキュリティ管理態勢の評価，クラウドリスクアセスメント，内部統制構築支援など，IT領域のアシュアランスサービスに幅広く従事。製造業，エンターテインメント業，小売業，金融業，保険業，暗号資産交換事業など，多岐にわたる業界に支援を提供してきた。
2023年より同系列の在タイ監査法人に移籍し，JSOX対応支援や情報セキュリティ管理態勢の評価をはじめ，監査，税務，法務，内部統制，事業再編，不正リスクアセスメントなど，日系企業に対する幅広いサポートを提供している。

業務プロセスとつながる

IT統制とIT監査 現場の教科書

2024年12月25日　第1版第1刷発行
2025年6月25日　第1版第5刷発行

著　者	中　雄　俊　和	
発行者	山　本　　　継	
発行所	㈱中央経済社	
発売元	㈱中央経済グループ パブリッシング	

〒101-0051　東京都千代田区神田神保町1-35
電話　03 (3293) 3371 (編集代表)
　　　03 (3293) 3381 (営業代表)
https://www.chuokeizai.co.jp
印刷／㈱堀内印刷所
製本／侑井上製本所

© 2024
Printed in Japan

＊頁の「欠落」や「順序違い」などがありましたらお取り替えいたしますので発売元までご送付ください。（送料小社負担）

ISBN978-4-502-52501-8　C3034